지혜 여정

오경 1

창세기

일러두기

1. 하느님 말씀인 성경은 원칙적으로는 하나이지만, 성경이 번역된 시대, 나라, 교파 등에 따라 세부적으로 다른 표현이 있을 수 있고, 정전의 범위나 순서가 약간 다르기도 합니다. 이 책에서는 한국 천주교회 공용 번역본인 우리말 성경을 표기할 때는 『성경』으로, 그 외의 성경(예: 히브리 성경, 칠십인역 성경 등)이나 일반적으로 성경 전체를 가리키는 경우에는 성경으로 표기했음을 밝힙니다.
2. 이 책의 주요 표기 기준은 『국립국어원 표준국어대사전』을 원칙으로 합니다. 다만 성경에 나온 인명과 지명은 『성경』의 표기를 따랐습니다.

창세기

지혜 여정

오경 1

글쓴이 **김명숙**

추천의 말

하느님께서는 넘치는 사랑으로 마치 친구를 대하시듯 우리에게 말씀하시고, 우리와 사귀시며, 당신과 친교를 이루도록 우리를 부르시고 받아들이십니다(「계시 헌장」 2항 참조). 이를 위해 하느님께서 기꺼이 사용하시는 주요한 방법은 성경을 통해 당신을 드러내시는 계시입니다. 성경은 하느님께서 우리에게 건네시는 사랑 편지입니다.

성경 본문에는 문자 그대로 이해하기 쉽고 공감하기 쉬운 말씀도 있고, 다소의 설명이나 해석이 필요한 비유나 은유의 말씀도 있으며, 시간 · 공간 · 문화 · 언어 등의 차이 때문에 전문가의 도움을 받아야만 제대로 알아들을 수 있는 상당히 어려운 말씀도 있습니다. 다행히 우리나라에는 다양한 교재가 있어 성경 말씀을 올바로 알아듣는 데 많은 도움을 주고 있습니다. 『지혜 여정』 시리즈도 한국 가톨릭 교회의 귀중한 성경 공부 교재 중 하나입니다.

『지혜 여정』 시리즈의 가장 큰 특징은 창세기부터 요한 묵시록까지 신구약 전체의 맥락에서 독자를 이끌어 준다는 것입니다. 전체 흐름을 파악하

면서 성경의 여러 책과 그 안에 담긴 내용의 연관성을 이해하도록 이끌기에, 독자는 자연스레 더 깊은 통찰과 성찰의 세계로 들어서게 됩니다. 이는 『지혜 여정』 시리즈가 성서학을 기반으로 한 성경 공부 교재로서, 지금까지 끊임없이 발전해 온 성서학의 원리와 방법을 적극 활용하여 성경을 해석하고 이해하고 탐구하도록 도와주기에 가능합니다.

게다가 『지혜 여정』 시리즈에 담긴 명화 · 도표 · 사진 등 다양하고 풍부한 시각 자료는 폭넓은 이해와 흥미를 한껏 돋우어 혹여 있을지 모를 성경 공부에 대한 부담감을 덜어 주기에 충분하며, 친절하게 묵상으로 이끕니다.

많은 분이 『지혜 여정』 시리즈를 통해 '성경의 가르침을 내면에서 깊이 체험하여 하느님의 말씀을 마음에 모시고 살아가도록 인도하는 지혜'를 만나시기 바랍니다.

한국천주교주교회의 성서위원회 위원장 주교

十 신호철

출간에 즈음하여

생활성서사에서는 누구나 하느님의 말씀을 쉽게 접할 수 있도록 다양한 성경 공부 교재를 출간해 왔습니다. 본격적인 성경 공부 교재인『여정』시리즈를 비롯하여 성경을 처음 접하는 이들을 위한 기초 교재『여정 첫걸음』시리즈, 어르신을 위한 교재『은빛 여정』시리즈, 말씀의 감동을 기도로 이어주는 컬러링 말씀 교재『성화 기도 여정』, 그리고 신구약 성경을 빠짐없이 살펴보고 시대의 흐름에 맞춰 다양한 관점에서 말씀을 이해하고 심화시키도록 이끌어 주는 현대적 성경 교재『지혜 여정』시리즈 등입니다.

이러한 교재들을 토대로 하여 전국의 '여정 성서 사도직' 수도자들과 봉사자들은 신자들이 풍요로운 말씀의 세계에 한층 더 가까이 다가갈 수 있도록 많은 노력을 기울이고 있습니다.

한 성경 공부 모임을 통해 신앙의 참된 의미를 깨달았다는 분들의 진솔한 고백을 들으며 큰 기쁨과 보람을 느꼈습니다. 더불어 그분들의 말씀에 대한 열정과 사랑은 늘 새로운 교육 프로그램을 개발하고 다양한 교재를 펴

내려는 저희에게 가슴 벅찬 응원이 되어 주었습니다.

이번에 펴낸 성경 공부 교재『**지혜 여정** 오경1 창세기』 역시 여러분의 말씀 사랑에 힘입은 결과물입니다. 성경의 첫 관문인 창세기를 안내하는 이 책은 세상의 창조와 인간의 타락을 다룬 '태고사'부터, 구원 역사의 뿌리가 되는 '성조사'에 이르기까지 하느님의 장대한 구원 계획을 보여 줍니다. 창조의 신비와 성조들의 삶을 통해 '존재의 근원'과 '부르심에 대한 응답'을 깊이 묵상해 보십시오. 온갖 시련 속에서도 끝내 악을 선으로 바꾸시는(창세 50,20 참조) 하느님의 오묘한 섭리를 깊이 묵상할 때, 우리 삶 굽이굽이마다 함께하시는 그분의 따스한 손길을 비로소 느끼게 될 것입니다.

끝으로 『**지혜 여정** 오경1 창세기』를 정성스레 집필해 주신 김명숙 교수님, 그리고『여정』을 함께하며 소중한 경험을 나누어 주시는 성직자, 수도자, 봉사자 여러분께 진심으로 감사드립니다.

생활성서사

차례

추천의 말 – 신호철 주교 / 4

출간에 즈음하여 / 6

창세기 입문 / 10

제1과 천지 창조 이야기(창세 1-3장) / 18

제2과 문명의 타락과 멸망 그리고 재창조(창세 4-11장) / 34

제3과 아브라함 계약(창세 12-17장) / 52

제4과 아브라함을 방문한 세 천사와 소돔과 고모라(창세 18-19장) / 64

제5과 위기에서 성조의 선택과 두 아들(창세 20-21장)/ 76

제6과 이사악 번제, 사라의 죽음, 이사악의 혼인(창세 22-24장) / 86

제7과 에사우와 야곱(창세 25-27장) / **100**

제8과 야곱의 변모; 베텔에서 마하나임까지(창세 28-33장) / **110**

제9과 갈등의 씨앗, 운명의 갈림길(창세 34-36장) / **126**

제10과 요셉과 그 가족 이야기의 시작(창세 37-38장) / **142**

제11과 요셉의 종살이와 감옥살이(창세 39-41장) / **156**

제12과 요셉과 가족들의 해후(창세 42-48장) / **166**

제13과 야곱의 유언과 장례 그리고 요셉의 죽음(창세 49-50장) / **176**

창세기 입문

● 들어가기에 앞서

창세기는 성경의 첫머리에 놓인 책입니다. 히브리어 이름은 '베레시트 בראשית'인데 책의 첫 단어를 딴 제목입니다. 한국천주교회 공용 번역본『성경』(이하『성경』)에서는 이 단어를 '한처음에'로 번역합니다. 고대에는 오늘날과 같은 책 형태가 없었기에, 점토판이나 두루마리의 첫 단어로 문서를 구별하는 것이 가장 손쉬운 방법이었을 것입니다.

이와 달리 그리스어 번역 성경인『칠십인역』에서는 책의 내용을 반영하

아담의 창조(부분), 미켈란젤로 부오나로티, 1511년경, 시스티나 성당, 바티칸.

여 히브리어 '톨도트תולדות'를 그리스어 '게네시스Γένεσις'로 번역하여 이름을 붙였습니다. 이 명칭은 라틴어 번역 성경인 『불가타』를 거쳐 한국어 명칭 '창세기創世記'로 이어졌습니다. '톨도트'는 『성경』에서 '생성'(창세 2,4), '족보'(창세 5,1; 10,1) 등으로 번역합니다. 이를 옮긴 그리스어 '게네시스'는 '계보', '기원'을 뜻하며, 영어 '제네시스genesis'의 어원이기도 합니다. 따라서 이 이름은 창세기가 '세상의 기원'과 '이스라엘 백성의 계보'를 다루는 책임을 보여 줍니다. 그리고 창세기는 그 이름에 걸맞게 하느님께서 세상 만민 가운데서 이스라엘을 당신 백성으로 선택하시어 구원 역사의 증인으로 세우시는 여정을 펼쳐

보이기 시작합니다. 따라서 창세기는 탈출기 · 레위기 · 민수기 · 신명기로 이어지는 **오경 전체의 서막**이자 **성경의 세계**로 들어가는 **첫 관문**입니다.

창세기의 구조 및 내용

창세기는 세상의 기원과 이스라엘 백성의 계보를 다루는 책으로, 크게 **태고사**太古史(창세 1-11장)와 **성조사**聖祖史(창세 12-50장)라는 두 부분으로 나뉩니다. 그 구성은 아래와 같습니다.

구조	내용
태고사 1-11장	1-2장: 천지 창조
	3장: 원죄의 기원
	4장: 카인과 아벨 이야기
	5장: 아담에서 노아까지의 족보
	6-9장: 대홍수
	10장: 노아의 자손들과 민족들의 명단
	11장: 바벨탑 사건
성조사 12-50장	12-25장: 아브라함과 사라
	25-26장: 이사악과 레베카
	27-36장: 야곱과 레아/라헬
	37-50장: 요셉

1) 태고사(창세 1-11장)

창세기 1-11장은 태고사로 세상의 기원과 관련된 역사를 서술합니다. 천지 창조(창세 1-2장)부터 시작하여 원죄의 기원(창세 3장), 원조의 첫 후손인 카인과 아벨 이야기(창세 4장), 초기 인류의 죄로 타락한 세상에 내린 대홍수(창세 6-9장) 그리고 바벨탑 사건(창세 11장)까지 다룹니다. 태고사는 이러한 이야기들을 통해 하느님께서 창조하신 좋은 **세상에 악이 어떻게 들어왔는지,** 스스로 키운 악으로 홍수의 재앙까지 겪은 **인류가 어떻게 또다시** 바벨탑을 쌓으며 **하느님에게서 멀어지게 되었는지** 밝혀 줍니다.

이런 과정에서 창세기는 당대에 널리 알려진 **고대 근동의 여러 전승**도 인용합니다. 예를 들어 창세기 1장은 바빌론의 창조 신화 『에누마 엘리쉬』의 영향을 받고 그와 논쟁하려는 목적으로 쓰였습니다. 노아의 홍수 이야기(창세 6-9장)는 메소포타미아의 홍수 설화와 내용과 구성 면에서 유사합니다. 이는 창세기가 주변 문화와 완전히 단절된 채 쓰인 것이 아니라, 당대 사람들이 이미 알던 이야기를 바탕으로 하느님의 계시를 전하려 한 것임을 알려 줍니다. 현실에서 출발하지 않은 사상은 받아들여지기 어렵습니다. 성경도 마찬가지입니다. 이스라엘은 고대 근동 세계의 일부로서 주변 민족과 문화를 공유했습니다. 그래서 성경도 그들에게 익숙한 언어와 상징으로 하느님의 메시지를 전합니다. 이처럼 창세기의 태고사는 **여러 종교에서 공통으로 묻는 의문**을 이스라엘의 문화 안에서 풀어내며, **세상과 인간에 대한 창조주의 큰 계획**을 처음으로 보여 줍니다.

2) 성조사(창세 12-50장)

창세기 12-50장은 성조사로 이스라엘의 조상과 관련된 역사가 이어집니다. 바벨탑 사건으로 언어가 달라져 흩어진 수많은 민족 가운데서 하느님께서 노아의 아들 셈의 후손 아브라함을 택하시고, 그를 통해 세상에 퍼져 나갈 구원 역사를 시작하십니다. 성조사는 네 선조와 그 아내들의 삶을 따라 전개됩니다. 바로 아브라함과 사라(창세 12-25장), 이사악과 레베카(창세 25-26장), 야곱과 그의 아내들인 레아와 라헬(창세 27-36장) 그리고 이집트 사제의 딸과 혼인한 요셉(창세 37-50장)으로 이어지는 이스라엘 집안의 초기 역사를 서술합니다. 하느님께서 아브라함과 계약을 맺고 가나안 땅과 많은 후손을 약속하신 일부터 시작하여, 야곱의 아들 요셉이 이집트로 팔려 가는 이야기가 펼쳐집니다. 그러나 요셉은 주님의 도우심으로 재상 자리까지 오른 뒤 야곱 집안을 가나안의 기근에서 구해 냅니다.

3) 편찬 배경: 바빌론 유배

창세기는 오경의 다른 책들과 마찬가지로, 한 저자의 작품이 아닙니다. 여러 저자가 오랫동안 이어 온 문학 작업의 결과물입니다. 오경이 현재의 모습으로 편찬된 시기는 기원전 6세기 바빌론 유배기와 그 직후로 추정됩니다. 바빌론 유배기는 이스라엘이 가나안에서 건국한 뒤 처음으로 나라를 완전히 잃은 시기입니다. 이스라엘이 더는 약속의 땅에서 살지 못하고, 정복자의 땅 바빌론으로 끌려간 때입니다. 곧 나라가 패망한 뒤에 오경 편찬을 시작했다

헤브론 막펠라에 있는 성조들(아브라함, 사라, 이사악, 레베카, 야곱, 레아)의 무덤(창세 23,19 참조).
사진: Ooman(위키미디어, CC BY-SA 3.0)

는 뜻입니다. 이는 중요한 의미를 지닙니다. 나라가 안정되어 있을 때는 하느님과의 관계에 대해 크게 고민하지 않다가, 완전히 패망한 뒤에 비로소 돌아보게 되었다는 뜻이기 때문입니다.

이집트 종살이에 이어 또다시 시작된 유배살이 동안 이스라엘은 자기 성찰을 시작한 것으로 보입니다. '우리가 왜 망했을까?', '무엇을 잘못하여 이런 비극을 겪을까?' 같은 질문을 던진 것으로 보입니다. 그러면서 하느님과 맺은 계약을 준수하지 않아 이런 재앙을 맞았음을 깨닫고, 자신들의 뿌리가 되는 성조들과 하느님께서 그들에게 하신 약속 등을 돌아보기 시작한 듯합니다. 바로 이러한 반성 속에서 오경을 집대성하고, 이러한 작업을 통해 망국의 위기도 극복했을 것입니다. 그래서 어떻게 보면 '상실의 시대'라 할 수 있는 유배기가 재발견의 시대, 재창조의 시대로 거듭난 셈입니다. 역설적으로 망국의 비극이 이스라엘 역사상 신학적으로나 문학적으로 가장 창조적인 시기 가운데 하나를 꽃피운 것입니다.

4) 바빌론 신화에 대한 신학적 응답

첫 과에서 본격적으로 다룰 창세기 1장의 저작 시기도 바빌론 유배기로 추정됩니다. 당시 유배자들은 패배감에 젖어 있었습니다. 게다가 예루살렘과 이스라엘 땅만을 알고 살았던 그들이 바빌론과 같은 대제국을 처음 경험하였습니다. 그러자 '바빌론이 이렇게 강력한 군사력을 갖추고 번영하는 것은 바빌론의 신들이 이스라엘의 하느님보다 강하기 때문'이라고 생각하는 이들이 나타난 것으로 보입니다. 바빌론의 주신主神 마르두크를 비롯하여 바빌론인들이 섬기는 천체天體 신들의 힘을 더 크게 느끼며 믿음이 흔들리자, 이를 바로잡기 위해 창세기 1장이 쓰인 것으로 보입니다. 이를 통해 **하늘의 빛물체들은 주님께서 창조하신 피조물**에 불과하며(창세 1,14-18 참조), 마르두크가 창조주가 아님을 증명하려 한 것입니다.

이런 배경에서 창세기 1장은 널리 알려진 고대 근동의 신화, 특히 바빌론의 창조 신화인 『에누마 엘리쉬』와 상당히 비슷하면서도 두드러진 차이점을 보여 줍니다. 다시 말해 창세기 1장의 저자는 **바빌론 신화의 틀**을 빌려와 같은 우주를 묘사하면서도 그와는 **전혀 다른 신학적 · 인류학적 의미**를 부여한 것입니다. 바빌론의 창조 신화는 신들의 싸움 끝에 세상이 만들어졌고, 신들의 노동을 대신하기 위해 인간이 창조되었다고 전합니다. 이와 달리 성경은 **영원히 살아 계시며 누구에게도 창조되지 않은 유일신 하느님께서 만물을 지으셨고, 그 가운데 인간을 만물의 으뜸으로 삼으셨음**을 보여 주려 한 것입니다.

무지개로 축복하시는 하느님, 칼 밀레스, 1946-1947년, 1995년 설치, 나카, 스웨덴.
사진: Matti Blume(위키미디어, CC-BY-SA 4.0)

제1과

창세 1-3장

천지 창조 이야기

에덴동산, 아디 홀처, 2012년, 개인 소장.
창세기 1-3장의 이야기를 한 폭에 담았다. 왼쪽과 가운데는 창조의 풍요로움을, 오른쪽 위는 피조물을 굽어보시는 하느님의 시선을, 오른쪽 아래는 원죄를 범한 아담과 하와가 에덴동산에서 쫓겨나고 커룹(천사)이 불 칼로 그곳을 지키는 모습 등을 그렸다. 작가 특유의 푸른색과 황금빛 색채는 영적 신비와 생명의 존귀함을 드러낸다. 이 작품은 인간의 죄에도 불구하고 여전히 아름다운 창조 세계를 보여 줌으로써 창조 질서의 회복과 구원 역사를 조망하게 한다.

● **말씀 : 창세기 1장 1-3절; 2장 7절; 3장 6절**

1 **1**한처음에 하느님께서 하늘과 땅을 창조하셨다. **2**땅은 아직 꼴을 갖
추지 못하고 비어 있었는데, 어둠이 심연을 덮고 하느님의 영이 그 물 위를
감돌고 있었다. **3**하느님께서 말씀하시기를 "빛이 생겨라." 하시자 빛이 생
겼다.

2 **7**그때에 주 하느님께서 흙의 먼지로 사람을 빚으시고, 그 코에 생명
의 숨을 불어넣으시니, 사람이 생명체가 되었다.

3 **6**여자가 쳐다보니 그 나무 열매는 먹음직하고 소담스러워 보였다.
그뿐만 아니라 그것은 슬기롭게 해 줄 것처럼 탐스러웠다. 그래서 여자가
열매 하나를 따서 먹고 자기와 함께 있는 남편에게도 주자, 그도 그것을 먹
었다.

함께 읽을 성경: 창세기 1장 4-31절; 2장 1-6.8-25절; 3장 1-5.7-24절

● 이끎말

제1과에서는 창세기 1-3장에 나오는 두 가지 창조 이야기를 함께 살펴봅니다. 이 두 이야기는 서로 다른 전승에서 유래하여 내용과 문체에 차이가 있지만, 하느님의 창조와 구원이라는 큰 주제 안에서 하나의 메시지를 전합니다.

첫 번째 창조 이야기(창세 1,1-2,4ㄱ)

창세기 1장 1절부터 2장 4ㄱ절까지는 천지 창조 이야기를 전합니다. 천지 창조는 하느님께서 세상에 행하신 첫 구원 행위라 할 수 있습니다. 한처음의 혼돈을 제압하고 생명체들이 살 수 있는 공간을 마련하신 사건이므로, 성경의 첫 장에 자리합니다. '창조하다'를 뜻하는 히브리어 '바라ברא'는 성경에서 오직 하느님께만 쓸 수 있는 동사로서 하느님께서 지니신 본질을 암시합니다. 하느님만이 창조주이시라는 것입니다.

1) 혼돈에서 질서로

창세기 1장 1절은 '제목'에 해당합니다. 2절은 창조 전 상황을 묘사하며 실제 창조 과정의 시작을 알립니다. 한처음에 땅은 꼴을 갖추지 못한 불모지였고 어둠이 심연을 덮었으며, 하느님의 영이 심연의 물 위를 감돌고 있었습니다. 이를 보면 창조 이전에는 '불모지'와 '물', '어둠' 그리고 '하느님의 영'이 있었으며, 여기서 하느님의 영을 제외한 세 가지는 한처음의 혼돈 상태를 나타냅니다. 어둠뿐만 아니라 물도 혼돈의 요소로 여겨진 것은 물이 지닌 양면성 때문입니다. 물은 생명 유지에 필수적이지만, 동시에 노아의 홍수에서 보듯이 모든 것을 파괴할 수 있는 죽음의 세력이기도 합니다. 따라서 하느님의 영이 심연의 물 위를 감돌고 있었다는 표현은 주님께서 혼돈의 힘, 죽음의 힘을 제압하고 계셨음을 의미합니다.

하느님께서는 첫 창조로 '어둠'을 제압할 빛을 만드십니다. 이 빛이 낮이 되고 어둠은 밤이 되며(창세 1,5 참조) 세상에 첫 질서가 잡힙니다. 다시 말해 혼돈의 일부인 어둠은 사라진 것이 아니라 세상에서 밤의 역할로

어둠에서 빛을 가르신 하느님, 하인리히 스트외블리, 성 안토니오 성당, 콜브룬, 스위스.
사진: Roland zh(위키미디어, CC-BY-SA 3.0)

자리를 잡은 셈입니다. 6-7절에서는 하느님께서 물 한가운데에 '궁창'을 두시어 "물과 물 사이를 갈라"놓으십니다. 이는 태초의 물을 '궁창', 곧 하늘을 기준으로 위와 아래로 나누어 놓으셨다는 뜻입니다. 그래서 하늘 위의 물과 하늘 아래의 물로 나뉩니다(시편 148,4 참조). 하늘 위의 물은 빗물일 것입니다. 고대인들은 하느님께서 하늘을 창문처럼 여닫아 비를 내려 주신다고 믿었습니다. 주님께서 땅의 물을 뭍과 구분하여 바다로 따로 모으십니다. 이렇게 육지의 생명체가 살 수 있는 마른 공간이 마련된 뒤 식물 · 천체 · 짐승 · 인간이 만들어지며 천지 창조가 마무리됩니다.

하지만 얼마 지나지 않아 인간 세상의 악이 심화하여 홍수가 닥칩니다. 창세기 7장 11절은 이 재앙을 "심연의 모든 샘구멍이 터지고 하늘의 창문들이 열렸다."라고 표현합니다. 곧 물이 세상을 다시 덮음으로써 1장의 창조 때 확립된 질서가 깨지고 한처음의 혼돈으로 되돌아갔음을 보여 줍니다. 여기서 우리는 창조의 의미를 인식할 수 있습니다. **창조**란 단순히 무엇인가를 만들어 내는 행위가 아니라 **생명체가 살 수 있도록 혼돈의 힘을 제압하고 막아 주는 일**을 뜻합니다(참조: 이사 45,18: 욥 38,8-11; 예레 5,22). 그러므로 하느님께는 '창조하셨다'는 과거형 표현보다 '창조하신다'는 현재형이 더 어울립니다. 만일 하느님께서 잠시라도 창조의 손을 거두시면 아무것도 존재하지 않게 될 것이기 때문입니다(『가톨릭 신앙 입문』 423쪽 참조). 따라서 주님의 **창조 능력은 구원 능력과 직결**됨을 알 수 있습니다. 천지 창조 이야기가 성경 맨 앞에 놓인 까닭도 바로 여기에 있을 것입니다.

이러한 창조관을 신약 성경에 적용해 보면 예수님의 활동에서 많은 점을 이해할 수 있습니다. 마르코 복음서 4장 39절에 따르면, 예수님께서 꾸짖으시자 갈릴래아 호수가 잠잠해집니다. 얼핏 보면 호수를 꾸짖는 행위는 이해하기 어렵지만 이 역시 큰물, 곧 죽음과 혼돈의 세력을 주님께서 통제하신다는 의미입니다(시편 104,7 참조). 또한 갈릴래아 호수에서 물 위를 걷는 기적(마태 14,22-33과 병행 구절들) 역시 창세기 1장 2절에 언급되는 하느님의 영처럼 예수님께서 죽음(어둠)의 세력을 밟아 제압하신다는 뜻입니다. 갈릴래아 호수의 등을 밟으심으로써(욥 9,8 참조) 당신의 신성과 권능을 드러내신 셈입니다.

2) 우리 모습대로

그럼 창세기 1장 26절에서 하느님이 "우리 모습대로" 사람을 만들자고 하신 말씀은 어떻게 해석해야 할까요? 이는 우선 **'어전**御前 **회의'**가 있음을 암시하는 구절로 보입니다. 신적 존재인 천사들이 주님과 함께 참석하는 '어전 회의'는 성경에 종종 언급됩니다(참조: 시편 89,8; 욥 1,6-12). 아울러 **삼위일체**의 신비를 미리 보여 주는 예로 해석할 수도 있습니다.

이처럼 주님께서 사람을 당신 모습대로 만드셨다는 서술에는 사람이 만물의 영장임을 드러내려는 의미도 담겨 있습니다. 창세기 1장 28절에서는 사람이 다른 피조물들을 다스리라는 구체적인 강복도 받습니다. 곧 사람은 하느님께서 창조하신 세상을 하느님께서 의도하신 대로 질서 있고 선한 곳으로 보살피고 다스릴 책임을 부여받았다는 암시입니다. 이 구절을 교부 오리게네스는 다음과 같이 풀이하였습니다. "사람은 창조될 때 하느님의 형상대로 만들어지는 영광을 받았지만, 하느님의 형상이 정확히 무엇인지는 드러나지 않았다. 이는 사람이 하느님을 닮으려 노력하여 그 목적을 이루도록 하기 위함이다."(『창세기 설교』 제1설교 13항 참조). 그렇다면 사람은 누구나 하느님의 모습을 조금씩 다 지녔지만, 이를 온전하게 드러내는 일은 각자의 노력에 달렸다고 할 수 있겠습니다.

3) 안식일의 휴식

창조가 끝난 뒤에는 하느님께서 거룩하게 쉬심으로써(창세 2,3 참조) 안식일의 휴식도 세상에 선사해 주십니다. 이때 하느님께서 취하셨다는 '휴식'은 피로 해소가 아닙니다. 주님의 안식은 '세상이 평화롭다'는 표시입니다. 만물의 질서가 잘 유지되고 있으므로 하느님께서 더 일하실 필요가 없는 상태, 곧 평화롭게 쉬실 수 있는 상태를 뜻합니다. 십계명에 규정된 안식일의 의미도 이와 관련됩니다. 이스라엘 백성은 주님께서 세우신 창조 질서 유지에 동참해야 한다는 의미로 안식일 규정을 율법으로 받은 것입니다. 안식일을 지킴으로써 평화로운 세상의 일부가 되고 또한 평화를 보장받을 수 있습니다.

이렇게 이스라엘 백성은 일주일에 한 번씩 안식일을 지냄으로써(탈출 20,8-11 참조), 신상을 만들어 섬기는 다른 민족들과 달리 신상 없이도 하느님의 창조 업적을 기리고 그분의 현존에 감사할 수 있었습니다. 이런 안식일이 있었기에 기원전 6세기에 이스라엘이 멸망하여 바빌론으로 유배되었을 때도 그들은 이방 땅에서 하느님을 섬기며 그분 백성으로서 정체성을 잃지 않았을 것입니다. 안식일은 이방 땅에서도 기념할 수 있었을 터이기 때문입니다. 더구나 고대 근동에는 온 백성이 함께 노동을 멈추고 쉬는 정기 휴일 개념이 존재하지 않았습니다. 이를 고려하면 인간이 영혼과 육신의 휴식을 취하며 창조주 하느님을 닮을 수 있는 안식일의 귀한 의미를 다시금 인식할 수 있습니다. 이후 그리스도교에서는 예수님의 부활 사건이 일어난 '주간 첫날'로 안식일을 옮겨 주일마다 하느님 나라를 되새기고 영육의 휴식을 취합니다.

두 번째 창조 이야기와 원죄(창세 2,4ㄴ-3,24)

천지 창조 이야기는 창세기 2장 4ㄱ절에서 끝나지 않고 3장까지 이어집니다. 그런데 이 **두 번째 창조 이야기**는 첫 번째 창조 이야기와 연결되지 않고, **같은 주제**를 되풀이하지만 여러 **차이점**을 보입니다. 하느님께서 창조하신 피조물의 순서도, 물에 대한 관점도 다릅니다. 1장에서 물은 혼돈의 세력에 속하였지만, 2-3장에서는 에덴동산을 적셔 주는 생명수로 암시됩니다(창세 2,6 참조). 이러한 차이는 두 이야기를 보존해 온 **전승의 뿌리가 다르기 때문**으로 여겨집니다. 입문에서 밝혔듯이 창세기를 비롯한 오경은 여러 저자가 오랜 세월에 걸쳐 완성한 책으로, 그 역사가 복잡하고 깁니다. 본래 따로 전해지던 전승들이 바빌론 유배기에 한데 모아져 집대성된 것으로 추정됩니다. 그래도 구원의 주제는 일관성 있게 이어집니다. 첫 번째 창조 이야기에서는 하느님께서 세상을 혼돈 상태에서 구하셨고, 두 번째 창조 이야기에서는 인간이 세상에 불러들인 악으로부터 인간 세상을 구원하시는 주님의 역사가 시작됩니다.

창조 이야기는 실제 역사적 사실을 전하려는 것이 아닙니다. 두 창조 이야기는 모두 '기원을 설명하는 이야기etiological story'에 해당합니다. 여기서는 하느님(주님)께서 지으신 좋은 세상에 어떻게 악이 들어와 지금 우리가 아는 세상이 되었는지, 사람은 왜 평생 일을 하다 죽어 흙으로 돌아가는지, 남자와 여자는 왜 부부의 연을 맺고 여인은 산고를 겪는지 등을 누구나 쉽게 이해할 수 있도록 설화 형식으로 설명합니다. 이는 구약 시대의 사람들뿐 아니라 '우리'를 비롯한 '모든 사람에 관한 이야기'로, 아담이 곧 인간을 대표한다는 의미입니다. 그러므로 이는 "아직 다가오고 있는 것을 포함한 모든 인간 역사의 핵심을 묘사하는 상징"(『가톨릭 신앙 입문』 421쪽 참조)이라 할 수 있습니다. 창세기 4장 25절과 5장 1절에서도 첫 인간이 '아담'이라는 고유 명사로 쓰인 것을 보면 그가 인간을 대표하는 인물로 등장함을 알 수 있습니다. '아담אדם'은 히브리어로 '땅', '흙'을 뜻하는 '아다마אדמה'에서 나온 말로, 원래는 인간을 일반적으로 통칭하는 보통 명사입니다.

창세기 본문 자체도 이 이야기를 역사로 접근하지 않음을 보여 줍니다. 창세기 4장 14절에 따르면 카인과 아벨 시대에 이미 다른 사람들도 같이 살고 있었습니다. "당신께서 오늘 저를 이 땅에서 쫓아내시니, 저는 당신 앞에서 몸을 숨겨야 하고, 세상을 떠돌며 헤매는 신세가 되어, 만나는 자마다 저를 죽이려 할 것입니다." 4장 17절에는 카인의 아내도 등장합니다.

기원을 설명하는 이러한 이야기가 생겨난 까닭은 인간의 지적 호기심과 알고자 하는 욕구를 충족시키려는 데 있었습니다. 고대에는 신화가 이러한 호기심을 해결하는 통로였습니다. 여기서 신화란 하느님께서 이야기 안에 등장하신다는 의미입니다. 당시에는 신화적 사고 방식이 합리적으로 여겨졌으므로, 고대인들은 자신들이 살아가는 세상의 원리를 이해하려 할 때 신화라는 틀 안에서 이해하였습니다.

1) 인간의 창조

창세기 2장에서 하느님께서는 먼저 남자를 창조하십니다(창세 2,7 참조). 주님께서 그를 흙으로 빚으시고 당신 숨을 불어넣으시니 그가 생명체가 됩니다. 여기서 하느님께서 숨을 불어넣어 주신 것은 인간이 만물의 영장임을 암시합니다. 하느님께서 다른 피조물들에게는 그렇게 하지 않으셨습니다. 창세기 2장 19-20절에서는 그(인간)가 세상의 다른 피조물들에게 이름을 붙여 줌으로써 그가 지배자임을 드러냅니다. 창세기 17장에서 하느님께서 아브람과 계약을 맺으시고 그의 이름을 아브라함으로 바꾸시며 그와 그 후손들의 주군이 되심을 알리신 것처럼, 이름을 붙이는 행위는 지배권을 나타냅니다. 하지만 창세기 2장 7절은 또한 인간이 흙에서 나온 존재임을 알려 동시에 겸손도 배우게 합니다.

이처럼 창세기 1장과 2장에서 모두 인간은 피조물 세계의 임금으로 그

려집니다. 하느님처럼 공정과 정의로 세상을 다스려야 하는 임금입니다(지혜 9,2-3 참조). 공정과 정의의 의미는 매우 거창해 보이지만 사실 간단합니다. 타인, 특히 착취당하기 쉬운 약자의 몫을 부당하게 빼앗지 않는 것입니다(예레 22,3 등 참조). 이를 창세기에 나타난 인간에게 적용하면, 세상을 다스리되 사사로운 이익을 위해 다른 피조물들을 함부로 착취하거나 그 생존권을 박탈할 수 없다는 의미입니다.

창세기 2장의 창조 이야기에서 정점은 여자의 탄생입니다(창세 2,22 참조). 성경에서 절정은 대체로 마지막에 나옵니다. 그런데 고대 이스라엘이 엄격한 가부장제 사회였음에도 남자의 탄생과 별도로 여자의 탄생이 언급되었고, 그것도 창조의 정점에 자리해 있다는 점이 의미심장합니다.

하느님께서 여인을 만드신 목적은 창세기 2장 18절에서 알려 줍니다. 남자에게 '알맞은 협력자'를 만들어 주시려는 것입니다. '알맞다'는 히브리어로 '케네게드כנגד', 직역하면 '동등하게 마주 서다'입니다. 곧 하느님께서는 남자와 같은 눈높이에 있는 협력자를 찾아 주시려고 여자를 창조하신 것입니다. 협력자라는 말이 주체가 되지 못하고 열등하다는 의미로 여겨질 수 있으나, 하느님께서도 인간에게 도움을 주시는 분이시므로(참조: 시편 46,2; 121,2 등) 이는 열등함의 표시가 아닙니다.

짐승들에게는 남자가 직접 이름을 붙여 주지만 여인에게는 달랐습니다. '남자에게서 나왔으니 여자라 불리리라.'라고 수동형으로 표현됩니다(창세 2,23 참조). 물론 창세기 3장 20절에서 남자가 여자에게 '하와'라는 이름을 붙여 주지만 그때는 이미 여인이 벌을 받아 남자의 지배 아래 놓인 뒤입니다. 이로써 태초에 **남녀는 동등**하였고 오히려 **창조의 정점에 여자가** 있었음을 알 수 있습니다. 또한 남자의 일부에서 여인이 창조되었으므로 **남녀가 서로에게 끌리는 이유**도 기원의 측면에서 설명합니다.

2) 유혹자 뱀과 선악과

에덴동산의 평화를 깬 존재는 간교한 뱀입니다(창세 3,1 참조). 뱀이 원조들을 유혹하여 죄짓게 하는데 특히 뱀은 여자가 선악과에 품고 있던 호기심을 꿰뚫어 보았습니다. 하느님께서는 선악과를 '먹지 말라'고만 하셨는데(창세 2,17 참조) 여자는 뱀의 질문을 받고 한마디를 덧붙입니다. '먹지도 만지지도 말라'(창세 3,3 참조)고 하셨다는 것입니다. 궁금증을 감추지 못하는 속내를 드러낸 셈입니다. 결국 하느님처럼 될 수 있다는 뱀의 꼬임(창세 3,5 참조)에 넘어가 열매를 먹습니다. 그에 비해 남자는 여자가 금단의 열매를 따서 내미는데도 한마디 반박도 없이 받아먹으니(창세 3,6 참조) 뱀은 둘 중 누가 주도적인지 파악하고 공격한 셈입니다. 원조들을 유혹한 결과로 뱀이 흙을 먹고 배로 기어다니게 되었다는 14절의 설명은, 뱀이 나무 위에 있다가 땅으로 내려오게 되었다는 뜻일 수도 있고, 그전에는 다리가 있었거나 다른 모습이었음을 시사합니다. 요한 묵시록 12장 9절에서는 창세기의 뱀을 사탄으로 풀이합니다.

그렇다면 뱀이 원조들을 유혹한 선악과는 대체 어떤 열매였을까요? 그리스도교에는 선악과를 사과로 보는 전승이 있습니다. 이는 라틴어 '말룸

아담과 하와(부분), 폴 고갱, 1902년, 오르드룹고르 미술관, 샤를로텐룬, 덴마크.

malum'이 '악惡'과 '사과'를 모두 뜻하기 때문일 것입니다. 반면 유다교에서는 선악과를 무화과로 보기도 합니다(『바빌로니아 탈무드』 브라콧 40ㄱ). 원조들이 선악과를 먹고 무화과나무 잎으로 두렁이를 만들어 입었기(창세 3,7 참조) 때문입니다. 곧 선악과를 먹고 그 나무 잎으로 곧바로 옷을 만들었다고 본 것입니다.

둘 가운데 무엇이든 선악과는 어떤 마법의 힘을 지닌 열매가 아니라 하느님의 명령을 어겼음을 깨닫는 순간 죄의식을 갖게 했기에 선악과인 것입니다. 말 그대로 선과 악을 분별하게 해 주었다는 뜻입니다. 어떤 이들은 하느님께서 왜 선악과를 에덴동산에 두셔서 원조들이 죄를 짓게 하셨느냐고 의문을 제기하지만, 이는 자유 의지를 지닌 인간이 자신의 행동에 책임을 지게 된 기원을 설명하는 표상으로 보아야 할 것입니다. 이는 또한 우리 안에 내재한 채워지지 않는 신에 대한 갈망이 어떻게 생겨났는지, 어디에서 기원하였는지 설명해 주기도 합니다. 땅의 흙과 하느님의 숨으로 이루어진 인간이 이때 하느님과 분리되면서 그렇게 되었다는 것입니다. 하지만 성경 저자는 인간이 죄를 짓더라도 하느님께서는 인간과 맺으신 관계를 끊지 않으심을 두고두고 강조합니다.

이렇게 원조들은 선악과를 먹고 처음으로 죄의식과 수치심을 경험합니다. 에덴에서 쫓겨나 **생명나무로부터 멀어집니다.** 이는 세상에 **죽음**이 들어왔다는 뜻입니다. 이때부터 인간은 땅을 직접 일구어 먹고사는 농경 생활을 시작하므로 원조들은 죄의 결과로 농경이라는 '문명의 지혜'를 얻은 셈입니다. 이는 채집 생활을 하던 구석기 시대에서 정착 농경을 시작한 신석기 시대로 넘어가는 과도기를 암시하는 듯한 문명사적 통찰입니다.

선악과를 먼저 따먹은 **여인은 산고의 벌**을 받습니다(창세 3,16 참조). 또한 '남편을 갈망하지만 남편이 여인을 지배하는' 운명을 선고받습니다. 여기서 여인의 갈망이 무엇을 뜻하는지는 모호하지만 이는 생계를 책임지는 남자에게 의지해야 하는 상황을 표현한 것으로 보입니다. 곧 에덴동산에서는 여인이 피조물 세계의 정점에 있었으나 이제는 여인이 주도적 위치를 되찾으려 갈망해도 남편이 지배자가 되리라는 의미로 보입니다. 이로써 성경은 **부부간 갈등의 기원**도 설명해 준 셈입니다.

● 묵상

1. 탈출기 12-15장에서는 이스라엘 백성이 모세의 인도로 갈대 바다, 곧 홍해를 건너는 사건이 서술됩니다. 한처음에 심연의 물이 위와 아래로 나뉘

며 생명체가 살 수 있는 공간이 마련되었듯이, 이집트 탈출 때는 바닷물이 좌우로 갈라지며 백성이 구원받습니다. 우리가 당연하게 여기고 살아가는 이 세상은 사실은 창조주께서 합당한 질서로 세우신 결과입니다. 이스라엘 백성은 홍해에서 이러한 구원을 경험했습니다. 나는 일상에서 날마다 이루어지는 주님의 구원에 얼마나 감사하며 살아가고 있나요?

2. 안식일은 하느님께서 세상을 만드신 뒤 일곱째 날 쉬신 데에서 유래하는 '천지 창조 기념일'입니다. 안식일은 정기 휴일이 없던 고대에 선물처럼 주어진 날이며 특히 창조주 하느님을 닮아 가도록 마련되었다는 점에서 귀한 의미를 지닙니다. 나는 안식일을 안식일답게 보내고 있나요?

3. 창세기의 내용이 오늘날 과학으로 밝혀진 내용과 일치하지 않아 의문이 될 수 있습니다. 오히려 성경과 현대 과학은 일치할 필요가 없다는 말이 더 정확합니다. 세상이 돌아가는 원리를 알려 주려고 고대의 백성에게 빅뱅Big Bang과 같은 이론으로 설명했다면, 과연 그들이 이해하였을까요? 하느님께서는 눈높이에 맞춰 당신 백성을 지금까지 이끌어 오셨습니다. 파도가 무엇인지 묻는 어린 자녀에게 "바다가 숨을 쉬는 거란다."라고 답한 지혜로운 엄마처럼, 성경은 그 시대 사람들이 하느님을 자기 수준에서 이해하도록 도와준 하느님의 지혜로운 말씀입니다. 나는 창조에 대해 어떻게 이해하고 있나요?

아담의 창조(미켈란젤로)

제2과

창세 4-11장

문명의 타락과 멸망 그리고 재창조

바벨탑(부분), 루카스 반 발켄보르흐, 1594년, 루브르 박물관, 파리, 프랑스.

● **말씀: 창세기 11장 1-7절**

11 **1**온 세상이 같은 말을 하고 같은 낱말들을 쓰고 있었다. **2**사람들
이 동쪽에서 이주해 오다가 신아르 지방에서 한 벌판을 만나 거기에 자리 잡
고 살았다. **3**그들은 서로 말하였다. "자, 벽돌을 빚어 단단히 구워 내자." 그
리하여 그들은 돌 대신 벽돌을 쓰고, 진흙 대신 역청을 쓰게 되었다. **4**그들은
또 말하였다. "자, 성읍을 세우고 꼭대기가 하늘까지 닿는 탑을 세워 이름을
날리자. 그렇게 해서 우리가 온 땅으로 흩어지지 않게 하자." **5**그러자 주님께
서 내려오시어 사람들이 세운 성읍과 탑을 보시고 **6**말씀하셨다. "보라, 저들
은 한 겨레이고 모두 같은 말을 쓰고 있다. 이것은 그들이 하려는 일의 시작
일 뿐, 이제 그들이 하고자 하는 것은 무엇이든 못할 일이 없을 것이다. **7**자,
우리가 내려가서 그들의 말을 뒤섞어 놓아, 서로 남의 말을 알아듣지 못하게
만들어 버리자."

함께 읽을 성경: 창세기 4-10장; 11장 8-32절

이끎말

에덴동산에서 시작된 죄가 인류 역사에서 어떻게 구체화되고 확산되는지를 세 가지 이야기를 통해 단계적으로 살펴보겠습니다. 첫 번째는 형제 살해라는 개인적 비극이며, 두 번째는 온 세상의 타락과 그에 따른 심판, 마지막은 인류 전체의 교만과 그로 인한 분열의 이야기입니다.

카인과 아벨 이야기(창세 4장)

원조들은 에덴에서 쫓겨나 생명나무로부터 멀어지면서 자녀를 낳아 후대를 이어 갑니다. 그들이 얻은 첫아이는 '카인קין'입니다. 카인이라는 이름의 뜻은 창세기 4장 1절에서 카나(קנה 얻다, 획득하다)와 연결됩니다. 카인을 낳은 하와가 "주님의 도우심으로 남자아이를 얻었다."라고 한 말에서 이를 짐작할 수 있습니다. 그러나 더 정확한 뜻은 '~을 빚다', '단조鍛造하다'로, "하늘과 땅을 지으신(קנה 코네) … 하느님"(창세 14,19)이라는 구절의 동사 '코네'와 어원이 같습니다. 이처럼 같은 히브리어 자음(קנה)이라도 모음에 따라 다른 뜻으로 읽히는데, 두 단어 모두 '무언가 생긴다'는 점에서 근본 의미를 공유합니다. 그러므로 카인은 주님의 도우심으로 '빚어진' 아이라는 의미로 이해됩니다.

원조들의 둘째 아이는 아벨입니다. 아벨은 히브리어로 '헤벨הבל'인데, 창세기 4장에서 그 뜻을 따로 밝히지 않습니다. '헤벨'이 성경에 흔히 나오는 단어이기 때문입니다. '허망', '한숨' 등을 뜻하는 헤벨은 인생무상이나 덧없음을 표현할 때 자주 사용되며(시편 144,4의 "사람이란 한낱 숨결과도 같은 것" 등 참조), 코헬렛 1장 2절 등에서는 '허무'로 번역됩니다. 아벨이라는 이름 속에 그의 짧은 삶이 이미 예고된 셈입니다. 창세기 4장에서는 아벨이 긍정적인 인물로 그려지지만, 이야기의 중심은 그가 아닙니다. 그의 이름의 뜻도 밝히지 않고, 그의 말도 직접 인용되지 않아 그 허무한 존재감이 드러납니다.

그런데 원조들이 선악과를 먹은 결과를 보여 주듯, 인류 역사는 시작부터 살인으로 얼룩지게 됩니다. 카인이 동생 아벨을 질투하여 죽이고 벌을 받고 에덴의 동쪽으로 쫓겨 갑니다(창세 4,16 참조). 카인과 아벨 이야기는 오랫동안 여러 소설과 드라마, 각종 예술 작품에 영감을 주어 '에덴의 동쪽'이라는 제목으로 자주 다루어졌습니다. 하느님께서는 **왜 카인의 제물은 받지 않으셨으며,** 카인은 어째서 동생을 죽이는 비극을 저질렀을까요?

1) 형제가 바친 제물

그 답의 실마리는 형제가 바친 제물을 묘사하는 부분에서 찾을 수 있습니다. 창세기 4장 3-4절에 서술된 형제의 제물에는 미묘한 차이가 있습니다. "카인은 땅의 소출을 주님께 제물로 바치고, 아벨은 양 떼 가운데 맏배들과 그 굳기름을 바쳤다." 탈출기 13장 2절, 34장 26절 등에 따르면, 맏배는 하느님께 속한 것으로, 주님께 봉헌해야 합니다. 굳기름 역시 하느님께 바칠 수 있는 가장 좋은 부위입니다(참조: 탈출 29,13; 레위 3,3-5 등). 따라서 아벨이 양 떼의 '맏배'와 '굳기름'을 바쳤다는 서술에는 하느님께서 가장 기뻐하실 부분을 정성껏 골라 바쳤다는 의미가 담겨 있습니다. 반면 카인의 제물은 그저 땅의 소출을 바쳤다고만 기록되어 있을 뿐, 귀한 것을 드렸다는 느낌이 들지 않습니다. 하느님께서는 카인의 제물이 마음에서 우러나지 않은 것이기에 받지 않으신 것으로 보입니다.

하느님께 제물을 바치는 카인과 아벨(부분),
무명의 비잔틴 시대 장인들, 1180-1190년경, 몬레알레 대성당, 몬레알레, 이탈리아.

2) 그리고 에덴의 동쪽

첫아들이라 부모의 사랑과 기대를 한 몸에 받았기 때문일까요? 카인은 받는 데는 익숙했지만 나누는 법은 몰랐던 사람인지도 모릅니다. 그러니 가장 큰어른이신 하느님의 사랑을 존재감 없는 동생에게 빼앗겼다고 느끼자, 질투에 눈이 먼 것입니다. "너는 어찌하여 화를 내고, 어찌하여 얼굴을 떨어뜨리느냐?"(창세 4,6). 이는 하느님께서 카인에게 하신 말씀입니다. 우리는 이를 보통 꾸짖음으로 여기지만, 어조를 달리하여 읽어 보면 하느님께서 타이르시며 건네신 위로이기도 합니다. 곧 '네가 옳게 행동한다면 이제 고개를 떨어뜨릴 일이 없을 것이니 다음부터는 그러지 말라'는 조언이었습니다.

하느님께서는 카인에게 죄를 택하지 말라고 당부하시지만(창세 4,7 참조), 카인은 응답을 피합니다. 오히려 존재감 없던 동생을 아예 없애 버리려고 빈 들로 불러냅니다(창세 4,8 참조). 이 본문은 인간이 지닌 자유 의지를 강조하는 듯 보입니다. 결국 죽은 아벨의 피가 하늘을 향해 부르짖어 카인의 죄를 드러내자(창세 4,9-10 참조), 카인은 죄의 대가로 에덴의 동쪽 '놋נוד 땅'으로 쫓겨 갑니다(창세 4,16 참조). 끝내 회개의 말은 하지 않은 채였습니다. '놋'은 '방랑하다'라는 뜻을 지닌 지명이므로, 이는 죄를 인정하지 않은 카인이 에덴의 동쪽에서도 마음 붙일 곳을 찾지 못했음을 암시합니다(창세 4,12 참조).

그러나 창세기 4장에서 초점이 맞춰진 인물은 카인입니다. 17절에 따르면 그는 성읍을 세우기까지 합니다. 이는 도시 문명이 카인에게서 시작되었음을 암시합니다. 창세기 4장에서는 카인의 후손들도 소개하는데, 특히 라멕(창세 4,17-24 참조)은 세상에 폭력을 더한 인물로 등장합니다. 라멕이 낳은 세 아들, 야발과 유발, 투발 카인은 고대 문명의 상징인 '방목술'(창세 4,20 참조), '음악'(창세 4,21 참조), '금속 기술'(창세 4,22 참조)을 발전시킨 이들로 서술됩니다. 곧 창세기는 회개하지 않은 죄인과 그 후손을 통해 문명이 발전했다는 관점을 드러냅니다. 창세기 3장에서는 선악과를 먹은 결과 농경 문명이 시작되었는데, 4장에서는 형제를 살해한 카인과 그의 후손들이 다른 문명의 창시자로 소개됩니다. 이는 홍수가 닥치기 전 인류 문명이 어떻게 타락의 길을 걷게 되었는지 짐작하게 해 줍니다(창세 6,11 참조).

부모의 사랑을 독차지하고서도 하느님의 관심과 애정을 동생에게 빼앗긴 것 같아 견디지 못했던 카인은 결국 자신이 관심을 얻고자 한 대상인 하느님과 그분이 계신 에덴을 비껴 에덴의 동쪽으로 쫓겨 갑니다. 자신의 부족함을 성찰하기보다 형제를 탓하고 짓밟음으로써 마음의 안정을 찾으려 했던 카인은, 더 많이 가지려고 하고 더 높이 오르려 하는 오늘날 같은 경쟁 사회에서 누군가에 대한 애증으로 괴로워하는 우리 현대인들의 모습과 많이 닮았습니다.

대홍수와 재창조(창세 6-9장)

카인과 라멕 그리고 그 후손들을 거치며 세상이 폭력으로 가득 차자 하느님께서는 사람을 만드신 것을 후회하십니다(창세 6,6 참조). 주님의 감정이 '후회'라는 인간의 언어로 표현되어 있어 오해를 살 수 있지만, 이는 창조주와 피조물 사이의 평화가 깨졌음을 분명히 드러내기 위해 인간의 눈높이에 맞춰 쓴 표현입니다.

1) 노아와 그 후손들

그런데 흥미롭게도 나락으로 떨어지던 세상에 희망의 빛을 비춘 이도 라멕입니다. 라멕은 카인의 후손 라멕과 동명이인입니다. 이 카인이 아벨을 죽인 뒤, 하느님께서 아담 부부에게 다시 주신 아들 셋의 후손입니다(창세 4,25

참조). 이 라멕이 마치 실타래를 풀듯 홍수의 재앙을 견디고 땅이 받은 저주를 끝낼 아들 노아를 낳은 것입니다(창세 5,25-31 참조). 노아נח라는 이름은 '휴식'과 관계 있습니다(창세 5,29 참조). 카인의 후손 라멕과 구별되는 라멕의 아들 노아는, 홍수 뒤 주님께 제물을 바쳐 주님의 분노를 풀고 다시는 땅을 저주하거나 생명을 파멸시키지 않겠다는 약속을 받아 냅니다(창세 8,20-22 참조). 그리고 노아는 과거의 도시 문명을 주도했던 카인과 그 후손들을 대신하여 역사의 새 출발점에 서게 됩니다.

노아가 주님의 선택을 받은 이유는 그의 의로움(창세 6,9 참조)에 있지만, 그에게 딸이 없었다는 점(참조: 창세 5,32; 6,10)도 영향을 준 듯합니다. 창세기 6장 서두를 보면, 하느님의 아들들이 인간의 '딸'들과 결합하여 자식을 낳은 결과 세상의 악이 많아졌다고 언급하기 때문입니다. 노아에게는 딸이 없어 타락의 여지가 없었던 셈입니다. 사실 창세기 6장 1-4절은 내용이 워낙 신비롭고 짧아서 그 의미를 정확하게 파악하기 어렵습니다. 이 대목에 등장하는 하느님의 아들들은 도대체 누구이며 그들이 인간과 결합한 결과가 세상의 악을 심화시켰다고 암시되는 이유는 무엇일까요?

"하느님의 아들"(창세 6,2 등)에서 '아들'은 히브리어로 '벤בן'입니다. '벤'은 생물학적 아들이라는 의미 외에도 '구성원'이라는 뜻을 지닙니다. 아모스서 7장 14절("예언자의 제자")에서는 '벤'이 '제자'로 의역되어 나옵니다. 이에 기초하면 하느님의 아들은 신성한 세계에 속한 구성원, 아마도 천사를 가리키는 듯합니다. 다만 고대 근동의 신화와 달리, 성경에서 이들은 신으로 간주되지 않습니다. 또한 천사들이 늘 긍정적인 모습으로만 등장하는 것도 아니며 천사들 역시 잘못을 저지를 수 있음을 알려 줍니다(욥 4,18-19 참조). 욥기 1장 6-12절의 사탄은 훗날 악한 존재로 발전하게 되는 대표적 예입니다. 고대 근동에는 신적 존재와 인간이 결합하여 태어난 영웅 신화가 널리 퍼져 있었는데, 메소포타미아 서사시의 주인공 길가메시가 일례입니다. 그의 어머니는 닌순 여신이고, 아버지는 우루크의 초기 임금이었던 루갈반다입니다. 가나안의 우가리트 신화에서는 신들의 아버지 '엘'이 인간 여자 둘을 아내로 맞아 '샤하르'와 '샬림'이라는 아들을 낳는데, 이 둘은 모두 우가리트 문헌에서 신으로 등장합니다.

반면 창세기 6장의 본문은 천사들이 여인의 아름다움에만 이끌려 결합한 결과가 어떠했는지를 알려 주려 한 듯 보입니다. 아름다움만 보고 결합한 것이니 그 의도가 선하지 않았음이 암시됩니다. 이는 세상에 악을 더했을 뿐 아니라, 그 결합의 산물 역시 고대 근동 신화의 반신반인半神半人이 아닌 피와 살을 지닌 인간일 뿐임을(창세 6,3 참조) 보여 줌으로써 당시 사람들의 신관을 반박하려는 의도였을 것입니다. 그래서 그 산물이 이름난 용사는 될 수 있어도 결코 신적인 존재는 아님을 분명히 합니다. 이처럼 창세기는 오직 하느님만이 불사의 존재로서 세상을 다스리는 분이심을 알립니다.

타락한 세상이 홍수로 정화된 뒤 하느님과 계약을 맺고 새로운 세상의 출발점에 선 이가 바로 노아입니다. 하느님께서는 노아에게 창세기 1장 27-28절의 복을 되풀이해 약속하심으로써 세상 만물에 대한 인간의 지배권을 재확인하십니다. 이때 주목할 점은 처음으로 인간에게 육식이 허락되었다는 사실입니다(창세 9,2-3 참조). 이는 홍수 이전부터 인간 내면에 깊이 배어 버린 폭력성을 하느님께서 해결하려 하신 조치라 할 수 있습니다. 육식의 허용은 인간이 지닌 공격성을 동물의 일부를 취하는 행위로 제한해 해소하게 함으로써 더 큰 죄악을 막으시려는 하느님의 사려 깊은 배려이자 억제책으로 이해할 수 있습니다.

또한 하느님께서 노아와 맺으신 계약의 표징으로 '무지개'가 주어지는데, 『성경』에서 무지개로 옮겨진 히브리어 '케셋קשת'은 기본적으로 전쟁 무기인 '활'을 의미합니다. 무지개는 하느님께서 심판의 무기(활)를 구름 사이에 내려놓고 인류와 화해하신다는 평화의 표징입니다. 노아 계약은 일종의 종전終戰 선언이며, 하늘에 걸린 활(무지개)은 그 영원한 증표인 셈입니다. 이제 사람들은 하늘에서 활 모양의 무지개를 볼 때마다 주님께서 노아와 맺으신 계약을 기억하게 됩니다. 베드로의 첫째 서간 3장 18-22절에서는 노아가 물의 재앙을 극복했듯이, 그리스도인들은 물로 받는 세례를 통해 죽음의 세력을 물리치고 새로운 세상을 시작할 수 있다고 가르칩니다.

그런데 홍수가 끝난 뒤 노아의 작은아들 함이 술에 취한 아버지의 알몸을 보고도 덮어 주지 않아 저주받는 일이 일어납니다(창세 9,21-25 참조). 이 일로 함의 후손 가나안은 셈(이스라엘의 조상; 창세 11,10-32 참조)과 야펫(아나톨리아와 에게 문명의 조상; 창세 10,2-4 참조)에게 지배당할 운명을 선고받습니다(창세 9,26-27 참조). 실제로 훗날 이스라엘 백성은 이집트 종살이에서 탈출하여 가나안족을 몰아내고 그 땅을 차지했으며 에게해에서 건너온 필리스티아인들은 가나안의 남쪽 해안 지역을 차지합니다. 홍수 직후의 이 짧은 일화는 **이스라엘 백성과 가나안 민족 사이의 오랜 적대감에 대해 그 기원에서**부터 설명해 주는 역할을 합니다.

바벨탑 이야기(창세 11,1-9)

대홍수 뒤 노아는 새 세상의 출발점이 되지만 사람의 악성은 변함없다(창세 8,21 참조)는 주님 말씀처럼 **노아의 후손들은 또다시 반란**을 꿈꿉니다. 높은 탑을 쌓고 성읍을 세워 다 함께 모여 살기를 꾀한 것입니다(창세 11,4 참조). 바벨탑 이야기는 신성한 영역을 침범하려 한 인간의 야망을 상징하는 의미로 자주 해석되었지만 본문이 본래 전하려 한 메시지는 따로 있습니다. 바로 대홍수 뒤 노아의 후손들이 **어떤 계기로 세상에 흩어져 서로 다른 말을 쓰게 되었는지 그 기원**을 밝히는 것입니다. 즉 창세기 10장에서 인류가 흩어지게 된 결과를 먼저 보여 준 뒤 11장에서 그 원인을 설명하는 구조입니다. 그렇다면 노아의 후손들이 쌓았다는 탑은 무엇을 의미하며, 이야기 속에 암시된 인간의 도전과 반란은 무엇일까요?

1) 하늘과 땅을 이으려 한 바벨탑

고대인들은 세상을 **하늘**(신의 영역) · **땅**(인간의 영역) · **땅 밑**(죽은 자들의 영역), 이렇게 세 구역으로 나누어 생각했습니다. 그들은 신의 영역인 하늘을 동경했으며, 이러한 신관은 '하늘에 계신 우리 아버지'께 바치는 주님의 기도에도 반영되어 있습니다. 부활하신 예수님께서 하늘로 오르셨다는 복음서의 기록 역시 같은 관점의 연장선에 있습니다. 그래서 옛 이스라엘 백성은 주님의 제단을 높은 곳에 '산당山堂'으로 만들곤 하였습니다. 다만 백성이 가나안의 산당을 주님 제단으로 바꾸어 쓰면서 가나안의 악습이 점차 되살아나자(참조: 1열왕 14,23-24; 예레 19,5; 에제 6,3 등) 훗날 산당 사용은 금지되었습니다.

반면 바벨탑 이야기의 배경은 메소포타미아인데, 이는 창세기 11장 2절의 '신아르'라는 지명에서 짐작할 수 있습니다. '신아르'는 기원전 6세기 바빌론 임금 네부카드네자르가 유다 백성을 포로로 끌고 간 사건을 기록한 다니엘서에도 언급됩니다(다니 1,2 참조). 결정적으로 창세기 11장 9절의 '바벨בבל'이 성경에서는 '혼동confusion'의 뜻으로 풀이되지만 히브리어로 '바빌론'을 가리키는 고유 명사이기도 합니다. 따라서 초기 인류가 **신아르 지방에 건설하려 한 성읍과 탑을 바빌론이라 풍자**한 셈입니다.

바빌론인들도 하늘을 신들의 영역으로 여겼습니다. 다만 바빌론인들은 산당 대신 높은 탑을 지었고 그 탑이 산처럼 하늘과 땅을 이어 준다고 믿었습니다. 그들의 언어인 아카드어로 '바빌론'은 '바브-일림Bab-ilim', 곧 '신의 문gate'을 뜻합니다. 바빌론인들은 하늘의 신들이 자신들의 도시를 통로로 삼아 지상으로 내려온다고 믿었던 것입니다.

바벨탑이 상징하는 것은 **'지구라트**ziqqurat'라 일컬었던 건축물입니다. 이

우르의 대지구라트, 기원전 21세기경, 우르 유적지, 나시리야 인근, 이라크.
사진: Kaufingdude(위키미디어, CC-BY-SA 3.0)

것이 하늘과 땅을 잇는 계단 역할을 했는데 신들의 계단임을 나타내듯 지구라트에는 '꼭대기가 하늘까지 닿는다.'라는 수식어가 따라다녔다고 합니다. 창세기 11장 4절의 "꼭대기가 하늘까지 닿는 탑"이 바로 그 표현을 인용한 것입니다. 그렇다면 초기 인류가 쌓으려 한 '하늘까지 닿는 탑'은 신의 영역을 침범하려는 도전의 표현이 아닙니다. 이는 오히려 매우 높은 건축물이나 성읍을 묘사하는 관용구였으며, "그곳 백성은 우리보다 우람하고 키도 크다. 성읍들은 클뿐더러 하늘까지 닿는 요새로 되어 있다."(신명 1,28)가 좋은 예입니다. "하늘까지 닿는 성벽"(신명 9,1)이라는 어구 역시 인간의 교만과 관계된 표현이 아닙니다. 바벨탑 이야기에서 지적하는 인간의 교만과 도전은 다른 데 있습니다.

2) 도전 그리고 흩어짐

본문에서 지적하는 인간의 도전은 두 가지입니다. 하나는 거대한 건축물을 지어 이름을 날리려 한 시도입니다(창세 11,4 참조). 실제로 바빌론인들은 지구라트를 지을 때마다 건축을 지휘한 임금의 이름을 벽돌이나 원통 인장에 새겨 그 기반에 보관했으므로 탑을 세우는 것은 말 그대로 '이름을 날리는' 일이었습니다. 또 다른 도전은 '온 세상에서 번성하라' 하신 주님의 강복(참조: 창세 1,28; 9,1)에 인류가 반기를 들었다는 점입니다. 그들이 신아르 지방에 성읍과 탑을 만들려 한 것은 요새를 건설해 한곳에 모여 살면 흩어지지 않을 수 있다고(창세 11,4 참조) 생각했기 때문입니다. 이에 하느님께서 언어를 뒤섞으시어 인류를 흩어 버리십니다(창세 11,7-9 참조). 이로써 창세기 10장에 기록된, 노아의 후손들이 언어와 지방과 민족별로 퍼져 나갔다는 결과의 원인이 11장에서 설명됩니다. 또한 원죄 이후 카인의 형제 살해에서 도시 문명이 시작되고 인류가 타락의 길을 걷다 대홍수를 맞았던 것처럼, 홍수 뒤에도 바뀌지 않은 인류가 또다시 죄를 짓자 이를 바로잡을 도구로 아브라함의 등장을 예고하게 됩니다(참조: 창세 10,31; 11,10; 11,26.31 등).

3) 흩어짐에서 하나 됨으로

이후 바벨탑 이야기는 스바니야서 3장 9-11절의 신탁에 영향을 주었습니다. "그때에 나는 민족들의 입술을 깨끗하게 만들어 주리라. 그들이 모두 주님의 이름을 받들어 부르며 … 섬기게 하리라. 에티오피아 강 너머에서 … 흩어진 이들이 선물을 가지고 … 오리라. 그날에는 … 나를 거역하며 저지른 그 모든 행실을 부끄러워하지 않아도 되리라. 그때에는 … 거만스레 흥겨워하는 자들을 치워 버리리라. 그러면 … 다시는 교만을 부리지 않으리라.”

정화된 ‘민족들의 입술’과 ‘흩어진 이들’이라는 표현에서 본 신탁이 바벨탑 이야기에서 암시된 인간의 교만을 꼬집고 있음을 짐작할 수 있습니다. 다만 창세기 11장 1-9절에 따르면 사람들은 언어가 갈려 서로 알아듣지 못하게 되지만 스바니야서에서는 때가 되면 주님께서 인류를 **다시 하나로** 모으시리라는 희망의 메시지를 전합니다. 만민이 한 언어로 서로를 이해하고 한목소리로 주님을 찬미하게 되리라는 예언입니다. 이는 주님의 뜻을 거슬러 뭉쳤던 바벨탑 시대와 달리, 이제는 **주님의 뜻을 이루기 위해 하나가** 되는 것입니다. 이 신탁은 언제 실현되었을까요?

그 첫 단계는 오순절의 **성령 강림**입니다(사도 2,1-13 참조). 바로 오순절에 사도들이 한자리에 모여 있을 때 성령이 강림하신 사건입니다. 불꽃 모양의 혀가 내려앉자(사도 2,3 참조) 모두 성령으로 가득 차 성령께서 표현의 능력을 주시는 대로 다른 언어들로 말하기 시작합니다(사도 2,4 참조). 사람들은 사도들이 말하는 것을 저마다 자기 지방의 말로 듣고 어리둥절해합니다(사도 2,6 참조). 여기서 서로 다른 언어를 쓰던 사람들이 사도들의 말을 알아듣기 시작했다는 것은, 바벨탑 이후 갈린 언어가 하나로 통합되기 시작했다는 암시입니다.

그로부터 이천 년이 흐른 지금 우리는 보편 교회 안에서 하나 된 인류를 발견합니다. 교회의 으뜸 기도인 **미사 전례**를 통해 전 세계 어디서든 모국어가 아니더라도 미사 내용을 이해하고 참여할 수 있게 되었기 때문입니다. 이천 년 전 성령 강림 때 사람들이 사도들의 말을 자기 언어로 이해할 수 있었듯이 이제는 공통된 미사 안에서 흩어진 민족들이 하나 되어 하느님을 찬미하는, 사도로부터 이어진 교회의 모습을 확인할 수 있습니다. 더구나 이제는 자기 이름을 드높이기 위해서가 아니라 하느님의 뜻을 실현하기 위해 모입니다. 이처럼 오늘날 **전례 안에서 발견하는 범세계적 공동체**는 바벨탑 사건의 결과를 뒤집는, 스바니야 예언의 실현이라 할 수 있습니다.

● 묵상

1. 카인은 질투심 때문에 형제를 살해했습니다. 우리도 때때로 누군가를 질투하고, 심하면 그 때문에 분노하기도 합니다. "문 앞에 도사리고 앉아"(창세 4,7) 우리를 노리는 이 질투의 감정을 어떻게 하면 현명하게 다스릴 수 있을지 고민하고 성찰해 봅시다.

2. 상대를 사랑하면 아까울 것이 없습니다. 그런데 카인에게는 하느님이 그런 대상이 아니었던 모양입니다. 나는 하느님을 어느 정도의 사랑으로 믿고 따르는지 성찰하고, 그 사랑에 걸맞게 삶을 봉헌하고 있는지 돌아봅시다.

3. 노아는 타락해 가는 인간 세상에서 유일하게 의로움을 지킨 사람입니다. 홀로 줏대를 지킨다는 것은 쉽지 않은 일입니다. 이를 생각하면 노아는

참으로 용기 있는 사람이었습니다. 우리도 그처럼 세상이 수상하게 돌아가도 그에 눈을 감거나 편승하려 하지 않고 끝까지 개선하려는 노력에 목청을 높일 용기와 줏대가 있는지 자신의 삶을 돌아봅시다.

4. 노아 시대에 일어난 홍수의 재앙은 죄의 심각성을 일깨워 줍니다. 레위기 26장 14-15절과 33절에서는 이스라엘 백성이 하느님과 맺은 계약을 지키지 않으면 약속의 땅에서 쫓겨나는 일도 피할 수 없으리라고 경고합니다. 이는 새 이스라엘인 우리에게도 마찬가지입니다. 만일 우리가 주님께서 우리에게 맡기신 대자연을 이용 대상으로만 여겨 마구 착취한다면 그 대가를 치르리라는 것입니다. 오늘날 우리가 겪고 있는 극심한 자연재해는 그 결과의 일부일 터이며, 이런 현상은 갈수록 심해질 것입니다. 이제라도 우리는 주님께서 맡겨 주신 세상의 피조물들을 공정과 정의로 다스리고 돌볼 수 있도록 늘 깨어 경계해야 하겠습니다.

5. '욕망이 잉태하여 죄를 낳고, 죄가 다 자라면 죽음을 낳는다.'(야고 1,15 참조)는 성경의 가르침이 있습니다. 마음이 욕심으로 가득 차면 스스로 자신을 돌아볼 수 없고, 주위의 진심 어린 충고도 듣지 않게 됩니다. 그래서 우리는 평생 자기 수양에 힘써야 합니다. 우리는 하루에 얼마나 수신修身, 곧 몸과 마음을 닦고 수양하는 일에 시간을 들이고 있는지, 우리에게 말씀을 주시는 하느님께 얼마나 성심껏 귀를 기울이고 있는지 돌아봅시다.

대홍수(에프라임 모셰 릴리엔)

제3과

창세 12-17장

아브라함 계약

희생 제물을 지키는 아브라함, 제임스 티소, 1896-1902년경, 유다인 박물관, 뉴욕, 미국.

● **말씀: 창세기** 15장 9-12.17-18절

15 **9**주님께서 그에게 말씀하셨다. "삼 년 된 암송아지 한 마리와 삼
년 된 암염소 한 마리와 삼 년 된 숫양 한 마리, 그리고 산비둘기 한 마리와
어린 집비둘기 한 마리를 나에게 가져오너라." **10**그는 이 모든 것을 주님께
가져와서 반으로 잘라, 잘린 반쪽들을 마주 보게 차려 놓았다. 그러나 날짐
승들은 자르지 않았다. **11**맹금들이 죽은 짐승들 위로 날아들자, 아브람은
그것들을 쫓아냈다. **12**해 질 무렵, 아브람 위로 깊은 잠이 쏟아지는데, 공포
와 짙은 암흑이 그를 휩쌌다. **17**해가 지고 어둠이 깔리자, 연기 뿜는 화덕과
타오르는 횃불이 그 쪼개 놓은 짐승들 사이로 지나갔다. **18**그날 주님께서는
아브람과 계약을 맺으시며 이렇게 말씀하셨다. "나는 이집트 강에서 큰 강
곧 유프라테스강까지 이르는 이 땅을 너의 후손에게 준다."

함께 읽을 성경: 창세기 12-14장; 15장 1-8.13-16.19-21절; 16-17장

이끎말

성장하는 믿음의 순례자 아브라함(창세 12-14장)

창세기는 12장부터 성조사를 시작하며 아브라함에게 집중합니다. 카인과 아벨 이후 타락의 길을 걷던 인간 세상에 노아가 등장하였듯이, 바벨탑 사건 이후에는 주님께서 아브람(아브라함의 옛 이름)을 선택하시고 그를 매개로 세상을 향한 구원 역사를 시작하시게 됩니다.

아브람의 가나안 여정

1. 테라는 가족을 데리고 가나안 땅으로 가려고 칼데아의 우르를 떠나지만 하란에 자리를 잡는다(창세 11,31-32 참조).
2. 하느님께서는 아브람을 부르시어 하란을 떠나 가나안 땅에 이르게 하신다(창세 12,1-5 참조).
3. 아브람은 가나안 땅에 이르자 스켐의 성소, 곧 모레의 참나무가 있는 곳에 제단을 쌓는다(창세 12,6-7 참조).
4. 아브람은 베텔로 간 다음 네겝 쪽으로 옮겨 간다(창세 12,8-9 참조).
5. 가나안 땅에 기근이 들자 아브람은 나그네살이를 하려고 이집트로 내려간다(창세 12,10-20 참조).
6. 아브람은 베텔로 돌아온다. 베텔에서 아브람과 롯이 서로 갈라지는데, 롯은 초아르로 향하고, 아브람은 헤브론으로 돌아간다(창세 13,1-18 참조).

노아와 아브람은 공통점이 여럿 있습니다. 우선, 노아가 아담의 열 번째 후손(창세 5장 참조)으로 태어났듯이 아브람은 노아의 아들 셈에게서 열 번째 후손(창세 11,10-26 참조)으로 태어납니다. 숫자 '10'은 성경에서 '3', '7'과 더불어 완전수이므로 열 세대 간격으로 이어지는 노아와 아브람의 계보는 인류를 향한 하느님의 구원 계획을 잘 상징합니다. 그리고 번성의 복을 받는다는 점도 같습니다. 한처음 아담이 받은 복(창세 1,28 참조)이 노아와 아브람에게도 비슷하게 이어집니다(참조: 창세 9,1; 17,2-6). 아울러 하느님의 계약 상대자라는 점도 같습니다. 하느님께서는 노아와도(창세 9장 참조), 아브람과도(참조: 창세 15장;

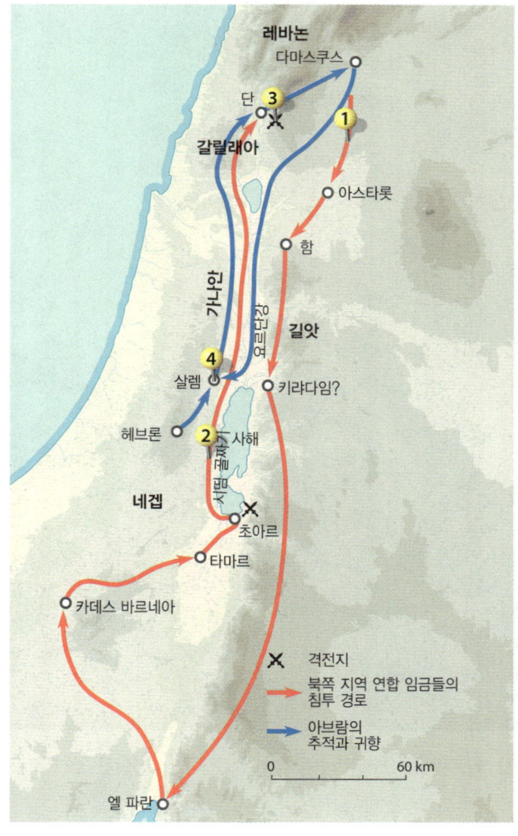

크도를라오메르와 동맹 맺은 북쪽 임금들의 침투 경로, 아브람의 추적과 귀향

1. 북쪽의 임금들은 고원 지대에 난 길을 따라 침략해 온다(창세 14,1-7 참조).
2. 그들은 사해 남쪽 끝에 자리한 시띰 골짜기에서 전쟁을 벌인 뒤 소돔과 고모라에 있는 모든 재물과 양식을 약탈하고 롯을 잡아 북쪽으로 향한다(창세 14,8-12 참조).
3. 아브람은 단까지 쫓아가 그들을 친다. 아브람은 그들을 다마스쿠스 북쪽에 있는 호바까지 추격한다(창세 14,13-16 참조).
4. 아브람이 돌아오자 살렘 임금 멜키체덱이 마중 나온다. 살렘은 훗날 예루살렘으로 불린다(창세 14,17-24 참조).

17장) 계약을 맺으셨습니다.

하느님께서 아브람과 계약을 맺으시기 바로 전인 창세기 14장에서는 두 가지 주요 사건이 서술됩니다. 첫째는 소돔으로 이주해 살던 롯(창세 13,12)이 크도를라오메르가 이끄는 동맹군에게 납치당하자, 아브람이 전쟁을 벌여 그를 구해 내는 이야기입니다. 둘째는 이 전쟁이 끝난 뒤 아브람이 살렘의 임금이요 지극히 높으신 하느님의 사제인 멜키체덱을 만나는 내용입니다. 여기서 살렘은 예루살렘의 옛 이름이며, 멜키체덱은 이 대목에서만 등장하고 창세기에서 사라지는 신비로운 인물입니다. 멜키체덱은 성경에 족보가 기록되어 있지 않으며, 언제 어디서 죽었는지도 나와 있지 않습니다. 히브리인들에게 보낸 서간에서는 멜키체덱이 (레위 집안보다 앞선 시대 사람으로서) 영원한 사제이며(시편 110,4 참조), '아버지도 어머니도 없으며 족보도 생애의 시작도 끝도 없는 이로서 언제까지나 사제로 남아 있다.'(히브 7,3 참조)고 말합니다. 이처럼 생애의 시작도 끝도 없는 영원한

아브람과 멜키체덱의 만남(부분), 작자 미상(플랑드르의 대가), 1600년경, 슈퇴델 미술관, 프랑크푸르트, 독일.

사제라는 점에서 멜키체덱은 예수님의 모습을 미리 보여 주는 인물입니다.

멜키체덱מלכי־צדק의 이름 뜻은 '정의(צדק 체덱)의 임금(מלך 멜렉)'으로 자주 풀이됩니다. 이는 고유 명사일 수도 있지만 옛 예루살렘의 임금을 일컫던 호칭일 가능성도 있습니다. 멜키체덱은 빵과 포도주를 들고 나가 크도를라오메르와 그의 동맹군을 물리치고 돌아오는 아브람을 만납니다. 그리고 하늘과 땅을 만드신 하느님의 이름으로 아브람을 축복합니다. "축복은 … 윗사람에게서 받는 법"(히브 7,7)이므로, 아브람은 멜키체덱에게 십일조를 바치며 화답합니다. 이때 멜키체덱이 들고 나온 빵과 포도주가 이후 예수님의 십자가 희생으로 제정될 성찬례를 예표합니다. 옛 유다교 전통에서도 멜키체덱의 빵은 제사 빵을, 포도주는 제주를 뜻한다고 풀이하였습니다(『창세기 라바』 43,6 참조).

창세기 14장의 본문은 멜키체덱과 아브람의 만남 이야기를 담음으로써 하느님의 사제직이 아브람의 가나안 도착 전부터 이미 예루살렘에 존재했음을 암시합니다. 그리고 아브람은 이 대목에서 소돔 임금이 제안한 재물을 탐내지 않는 인물로 등장합니다. 이런 일들이 있은 뒤 창세기 15장에서 주님께서는 아브람에게 후손과 가나안 땅을 약속하시며 계약을 맺으셨습니다.

하지만 아브라함이 처음부터 주님께 완전히 복종했던 것은 아닌 듯합니다. 물론 "아브람이 주님을 믿으니, 주님께서 그 믿음을 의로움으로 인정해 주셨다."(창세 15,6)라고 하지만, 그의 믿음은 성장해 나갔지 처음부터 완벽하지 않았습니다. 코터(Cotter, *Genesis*, 2016, 90쪽)가 지적하듯이, 아브라함은 '고향과 친족과 아버지의 집'을 '떠나' 주님께서 보여 주실 땅으로 가라는 명령을 받는데(창세 12,1 참조) 그는 친족인 조카 롯을 비롯하여 많은 이를 데리고(창세 12,5 참조) 떠납니다. 또한 주님께서 아브라함에게 사라를 통해 아들을 얻으리라고 예고하시자 이를 의심하며 웃습니다(창세 17,17 참조). 그런가 하면 그는 살아남기 위해 비겁한 행동도 합니다(참조: 창세 12,10-20; 20장). 아내의 미모 때문에 자신이 죽을지도 모른다는 위기감을 느끼자 아내를 누이라고 소개합니다. 이 말에 사라를 데려간 이방 임금 파라오와 아비멜렉의 집안을 하느님께서 치시며 도와주신 덕분에 부부는 위기를 넘깁니다.

아마도 아브라함은 이런 일들을 겪으며 하느님에 대해 배우고 신앙을 키워 갔으며, 창세기 22장의 이사악 번제 사건에서 마침내 완성된 모습을 드러낸 듯합니다. 곧 그의 믿음은 처음부터 완벽한 것이 아니라 성장해 나간 것이기에 이후 백성과 독자에게 훌륭한 귀감이 됩니다.

아브라함의 믿음을 의로움으로 인정하신 하느님께서 그와 계약을 맺으시는 장면은 창세기 15장과 17장에 서술됩니다. 아브람이 약속의 땅 가나안에 들어와서도 계속 방랑자 신세였음에도 희망을 잃지 않은 것은, 주님께서 약속하신 계약이 있었기 때문일 것입니다. 그런데 창세기 15장에 묘사된 계약 체결 의식이 퍽 특이합니다. 아브라함이 여러 짐승을 두 토막으로 잘라 마주 보게 하자 주님께서 그 사이를 지나가시면서 계약을 체결하십니다. 17장에서는 계약의 표징으로 할례가 주어집니다. 아브라함은 왜 짐승을 두 토막으로 잘랐고 하느님께서 그 사이를 지나가셨을까요? 계약의 표징으로 할례가 주어진 까닭은 또 무엇일까요?

주님께서 '잘린' 짐승 사이를 지나가시다(창세 15장)

아브람이 잘라 놓은 짐승 사이를 주님께서 지나가시며 체결하신 계약은 사실 고대 근동에서 일반적으로 행해지던 관습을 따른 것입니다. 고대 근동에서는 지배국과 피지배국 사이의 주종 관계를 설정할 때 짐승을 잘라 계약을 맺곤 하였습니다. 이는 계약을 어기면 두 토막 난 짐승처럼 되리라는 위협으로 피지배국의 반란을 막고 복종을 유도하려는 목적이었습니다.

그런데 이스라엘에서는 계약 체결이 종교 차원으로 승화되어 하느님과 그분의 백성 사이에도 맺어지게 되었습니다. 더구나 여기서는 계약의 의무를 지는 측이 하느님이십니다. 주님께서 '연기 뿜는 화덕과 타오르는 횃불'의 형상으로 잘린 짐승 사이를 지나가십니다. 아브라함 계약이 "영원한 계약"(창세 17,7)으로서 파기될 염려가 없는 것, 곧 영원토록 효력을 유지할 수 있는 것도 계약의 의무자가 하느님이시기 때문입니다. 이러한 이유로 후대 예언자들은 이스라엘 백성의 죄가 한계에 달하여 멸망하게 되었을 때도 아브라함 계약에 기초하여 회복과 구원을 예고할 수 있었습니다.

주님께서 연기와 불의 형상으로 계약을 맺으시는 이 장면은 이후 이스라엘 백성이 이집트에서 탈출하여 시나이산 아래에 섰을 때의 광경을 떠올리게 합니다. 당시 시나이산도 연기로 자욱하였고 주님께서는 불 속에서 산 위로 내려오셨습니다(탈출 19,18 참조). 곧 아브라함 계약이 시나이산 계약 체결의 기초가 되었음을 암시하듯(참조: 탈출 2,24; 레위 26,42 등) 아브라함 계약 때 일어난 현상이 시나이산에서도 유사하게 되풀이된 것입니다. 아브라함이 계약 체결 당시 느낀 '공포'(창세 15,12 참조)는, 이스라엘 백성이 시나이산 위로 드러난 주님의 현현에 두려워한 일과 비슷합니다(탈출 20,18-19 참조). 무엇보다 아브라함 자신이 가나안으로 가라는 주님의 부르심을 받고 고향을 떠난 일은 훗날 이스라엘 백성이 이집트에서 탈출해 약속의 땅으로 들어가게 되는 대장정의 예표가 됩니다.

할례, 계약의 표징(창세 16-17장)

아브라함 계약의 표징으로 주어진 것은 할례입니다(창세 17,10-11 참조). 할례는 몸에 찍는 계약의 인증 도장과 같은 것으로, 아브라함의 후손들은 자기 몸에서 할례 자국을 볼 때마다 자신이 아브라함의 후손임을, 하느님과 계약을 맺은 공동체의 일원임을 기억하고 되새깁니다.

아브라함이 할례 받았을 때의 나이는 아흔아홉입니다(창세 17,1.24 참조). 그의 이름도 이때 '아브라함אברהם'으로 바뀌는데(창세 17,5 참조), 이는 그가 지닌 존재의 의미에 변화가 생겼다는 뜻입니다. 이전에는 단순히 '큰 민족이 되리라.'(창세 12,2 참조)고만 예고되었지만, 이제는 많은 민족의 조상이 될 운명으로 의미가 확장됩니다. 이름을 지어 주는 것은 상대에 대한 지배권을 상징하는 행위이기도 합니다. 하느님께서는 아브람에게 새 이름을 붙여 주시어 당신께서 그와 그의 후손에게 영원히 주님이 되실 것임을 알리셨습니다.

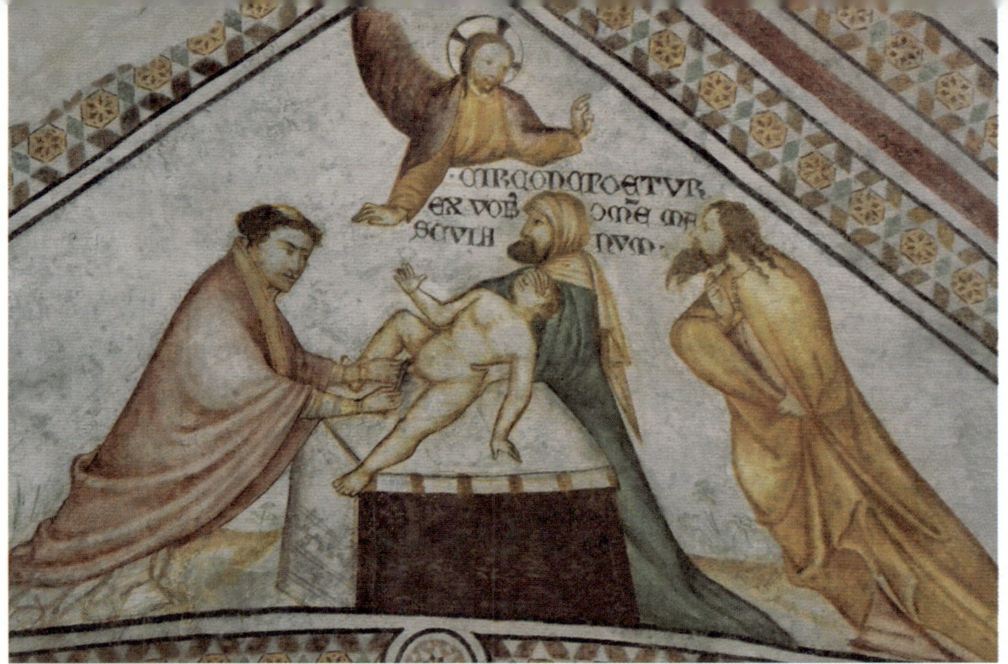

아브라함이 계약의 표징인 할례를 행하다(부분), 작자 미상(익명의 롬바르디아 화가), 15세기, 크레모나 대성당, 크레모나, 이탈리아. 사진: Carlo Dell'Orto(위키미디어, CC-BY-SA 4.0). 그림에 새겨진 라틴어 Circumcidetur ex vobis omne masculinum은 하느님께서 아브라함에게 내리신 명령으로, '너희 가운데 모든 남성은 할례를 받아야 한다.'(창세 17,10 참조)라는 뜻이다.

그런데 계약이 체결되는 15장과 17장 사이에는 하가르와 이스마엘의 탄생 이야기(창세 16장)가 들어 있습니다. 이는 주님께서 약속하신 이 계약의 신빙성을 의심하게 만드는 대목입니다. 아브라함의 아내 사라가 자식을 낳지 못해 여종 하가르가 대신 아이를 낳는 내용이기 때문입니다. 임신한 하가르는 여주인을 업신여기다가 궁지에 몰려 도망치지만 하느님께서 그를 돌봐 주십니다. 곧 이 대목은 아브라함과 계약을 맺으신 하느님이 어떤 분이신지 알려 주는 구실을 합니다. 그분은 약자의 사정을 그냥 보아 넘기시는 분이 아니라는 것입니다. 사실 아이 낳는 일로 갈등하는 사라와 하가르 모두 약자라고 할 수 있습니다. 하느님께서는 자식 없는 탓을 당신께 돌리는 사라에게 마침내 아들을 주셨고(참조: 창세 16,2; 21장), 이름의 뜻이 '이방인'인 여종 하가르הגר를 아이 낳는 도구처럼 다루는 상황에서도 그의 운명을 이끌어 주셨습니다.

● 묵상

1. 믿음의 조상인 아브라함의 신앙도 점차 자라나 무르익었음을 떠올리며 우리의 신앙 역시 그처럼 성장하고 발전할 수 있도록 주님의 도움을 청하며 기도합시다. 내 삶에서 아브라함의 여정처럼 신앙을 한 단계 더 성숙시킬 수 있었던 시련의 순간은 언제였나요?

2. 주님께서는 세상의 약자들을 그들 형편에 맞게 돌보시고 우리에게도 그 본을 따르도록 공정과 정의의 율법을 주셨습니다. 주님의 모습대로 창조된 우리가 주변의 불우 이웃과 세상의 다른 약한 피조물들을 성심성의껏 보살필 때, 주님께서 우리를 창조하신 본연의 목적이 이루어집니다. 이를 위해 마음과 힘을 모으고, 이런 실천을 하고 있다면 나누어 봅시다.

3. 역사는 반복된다는 말이 있습니다. 우리가 늘 역사를 공부하며 잊지 않으려 하는 것도 나쁜 선례가 되풀이되는 것을 막기 위해서입니다. 하지만 다행인 것은 구원 역사도 그처럼 되풀이된다는 점입니다. 왜냐하면 하느님께서 당신을 계약 의무자로 내세우시어 아브라함에게 영원한 계약을 약속해 주셨기 때문입니다. 이에 우리는 넘어져도 다시 시작할 용기와 힘을 얻습니다. 이처럼 우리에게 늘 비빌 언덕이 되시는 하느님의 은총에 오늘도 감사하며 그런 마음으로 살아가는지 자신을 돌아봅시다.

희생 제물을 지키는 아브라함(제임스 티소)

제4과

창세 18-19장

아브라함을 방문한 세 천사와 소돔과 고모라

소돔을 탈출하는 롯과 그의 가족, 라파엘로와 그의 공방, 1518-1819년, 사도궁, 바티칸.

● **말씀: 창세기 18장 2.10.23절; 19장 1.24절**

18 **2**그가 눈을 들어 보니 자기 앞에 세 사람이 서 있었다. 그는 그들
을 보자 천막 어귀에서 달려 나가 그들을 맞으면서 땅에 엎드려 **3**말하였다.
10그러자 그분께서 말씀하셨다. "내년 이때에 내가 반드시 너에게 돌아올 터
인데, 그때에는 너의 아내 사라에게 아들이 있을 것이다." 사라는 아브라함
의 등 뒤 천막 어귀에서 이 말을 듣고 있었다. **23**아브라함이 다가서서 말씀
드렸다. "진정 의인을 죄인과 함께 쓸어버리시렵니까?"

19 **1**저녁때에 그 두 천사가 소돔에 이르렀는데, 그때 롯은 소돔 성문
에 앉아 있었다. 롯이 그들을 보자 일어나 맞으면서 얼굴을 땅에 대고 엎드
려 **2**말하였다. **24**그때 주님께서 당신이 계신 곳 하늘에서 소돔과 고모라에
유황과 불을 퍼부으셨다.

함께 읽을 성경: 창세기 18장 1.3-9.11-22.24-33절; 19장 2-23.25-38절

이끎말

하가르에게서 이스마엘을 얻었으나 약속된 후손인 사라의 아들은 아직 얻지 못한 아브라함의 이야기는 18장으로 이어집니다. 세 천사가 아브라함을 방문하여 사라가 아들을 낳으리라고 예고하는 내용입니다. 창세기 17장 17절에서는 아브라함이 잉태 예고를 듣고 웃었지만 이번에는 사라가 그 예고를 엿듣고 같은 반응을 보입니다.

창세기 18장 1-2절에 따르면 아브라함이 헤브론 마므레의 참나무 아래 천막을 치고 살던 시절 길손 세 사람이 방문합니다. 당시 길손은 바깥소식을 듣게 해 주는 반가운 존재였지만 그들이 방문한 시간대가 의미심장합니다. 그때는 "한창 더운 대낮"(창세 18,1)으로, 사람들이 외출을 꺼리고 낮잠을 자는 시간이었습니다. 그런데도 아브라함은 귀찮은 내색 없이 길손을 맞이하고 발 씻을 물을 내놓습니다(창세 18,4 참조). 광야를 오래 걸으면 샌들을 신은 발(또는 맨발)이 쉽게 더러워졌기에, 발의 청결과 피로 해소를 위해 물을 제공하는 것은 큰 환대였습니다(참조: 창세 24,32; 루카 7,44 등). 아브라함은 빵도 좀 가져오겠다며 천막 안으로 들어가 풍성한 식사를 준비합니다. 세 길손이 어디서 온 누구인지는 모르지만 먼 길을 오느라 배가 고팠을 것을 헤아린 까닭입니다.

이런 환대에 보답하듯 세 길손은 사라의 잉태 소식을 전합니다. 아브라함이 이들의 정체를 알아챈 것도 바로 이때로 보입니다. 잉태 예고를 엿들은 사라가 웃자 길손이 꾸짖는데(창세 18,12-14 참조), 이때 아브라함은 그들이 신적

사라가 엿듣고 웃다, 제임스 티소, 1896-1902년경, 유다인 박물관, 뉴욕, 미국.

존재임을 인식한 듯합니다. 이를 암시하듯 2절의 '세 사람'이 13절에서 '주님'으로 호칭이 바뀝니다.

구약 시대의 신적 존재들은 오늘날 우리가 상상하는 천사의 모습으로 등장하지 않았습니다. 대부분 평범한 사람처럼 나타나기에 아브라함처럼 그 정체를 인식하지 못하는 경우가 많았습니다. 그래서 히브리서 저자는 아브라함을 염두에 두면서 손님 접대를 소홀히 하지 말라고 조언합니다. "손님 접대를 소홀히 하지 마십시오. 손님 접대를 하다가 어떤 이들은 모르는 사이에 천사들을 접대하기도 하였습니다."(히브 13,2). 누가 주님께서 보내신 천사인지 알 수 없으니 아무리 하찮게 보이는 이라도 함부로 대해서는 안 된다는 가르침입니다.

의인을 위한 아브라함의 탄원(창세 18장)

아브라함을 방문한 세 천사 이야기는 예부터 삼위일체의 신비를 예표하는 대목으로도 여겨져 왔습니다. 창세기 18장 16절부터 19장 29절까지 소돔과 고모라 이야기가 이어지는데, 두 도시는 성경에서 죄 때문에 망한 도시의 대명사로 자주 언급되는 곳입니다(참조: 이사 1,10; 에제 16,49; 마태 11,24; 유다 1,7 등). 소돔의 악행으로 원성이 하늘까지 닿자 주님께서는 '직접 내려가 확인해 보겠다.'(창세 18,20-21 참조)고 하십니다. 그런데 18장 22절과 19장 1절에 따르면 아브라함을 방문한 세 천사 가운데 둘만 소돔으로 갑니다. 천사 하나는 어디로 갔고, 또 누구였을까요?

창세기 18장 22절에 따르면 아브라함은 주님 앞에 서 있고, '그 사람들'은 소돔으로 갑니다. 19장 1절에서는 '두 천사'가 '저녁때' 소돔에 이른 것으로 서술합니다. 그렇다면 세 천사 가운데 **둘은 소돔으로 가고, 나머지 한 분이신 하느님께서 아브라함과 협상**하시며 소돔에 의인이 열 명만 있어도 소돔을 멸망시키지 않겠다고 약속하신 셈입니다. 이에 따라 세 천사 이야기는 예부터 성부와 성자, 성령의 신비를 미리 드러내는 대목으로 여겨져 왔습니다.

아브라함이 소돔을 두고 하느님과 협상하는 과정에서는 아브라함의 성품도 드러납니다. 18장 전반부에서 고대하던 아들 잉태 예고 소식을 접했을 때는 기쁨이 과하게 드러나지 않도록 침묵을 지켰지만, 소돔이 멸망을 앞둔 것을 알고는 말을 아끼지 않고 최선을 다합니다. 하느님께서 소돔에 의인 열 명만 있어도 멸망시키지 않겠다고 약속하신 것도 아브라함의 중재 덕분입니다. 창세기 14장 전반부에 실린 전쟁 이야기도 아브라함의 이런 이미지를 강화합니다. 거기서도 아브라함은 납치당한 롯을 구해 옵니다. 의인 열 명이 없어 멸망한 소돔에서 예외적으로 구원받은 이들이 롯과 그의 가족인데, 이 역시 하느님께서 아브라함을 보아 자비를 베푸신 것이었습니다(창세 19,29 참조).

사실 소돔과 고모라가 망한 것은 비단 죄 때문만은 아닐 것입니다. 회개가 없었던 점이 결정적인 이유였던 듯합니다(요나 3장 참조). 두 성읍은 예언자를 보내 회개를 촉구하는 일조차 무의미할 만큼 도덕적으로 왜곡되어 있었던 것 같습니다. 천사들이 소돔의 타락상을 살피러 들어갔을 때도 소돔 사람들은 그들을 욕보이러 몰려왔습니다(창세 19,1-5 참조). 길손으로 가장한 천사도 보자마자 해치려 하는데, 예언자라고 같은 신세를 면할 수 있었을까요?

결국 재앙에서 롯의 가족만 살아남지만 이 또한 롯의 의로움 덕분은 아니었습니다. 이는 하느님께서 아브라함을 보아 자비를 베푸신 것으로(창세 19,16.29 참조), **흠 없는 이의 중재 기도**가 얼마나 중요한지 잘 보여 줍니다. 아브라함은 자신과 상관없는 소돔과 고모라를 위하여 끝까지 노력했고, 하느님을 설득하기까지 하였습니다. 그런데 롯은 자기 목숨에만 관심이 있었으며(창세 19,20 참조) 소돔의 폭도들을 설득하지 못합니다(창세 19,5-9 참조). 물론 그는 두 길손을 보호하려고 자신의 두 처녀 딸을 희생양으로 내어놓습니다. 성경 시대 여인들은 집이 가난해지면 종으로 팔리기도 했고(탈출 21,7 참조), 당시 사람들은 자기 지붕 아래에 머무는 손님을 보호하는 것을 명예가 걸린 임무로 여겼기 때문입니다. 하지만 이런 문화를 충분히 고려한다 해도 자신의 명예를 위해 친딸을 위험에 빠뜨린 롯의 행동은 너무나 비정해 보입니다.

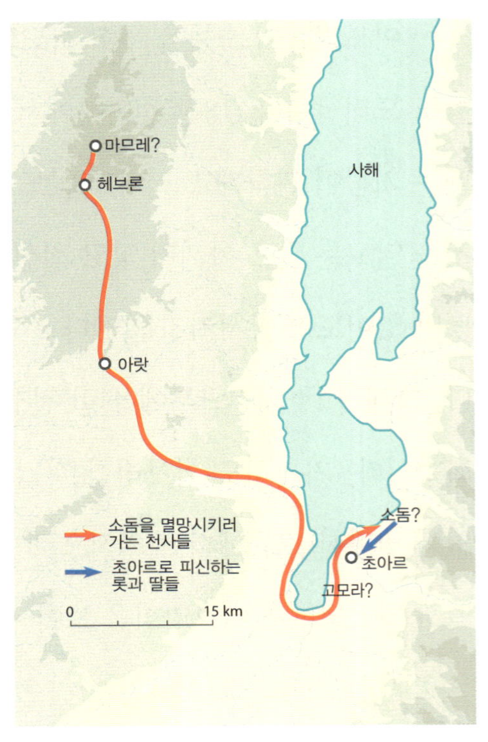

소돔을 멸망시키러 가는 천사들의 이동과 초아르로 피신하는 롯 가족의 이동

다만 베드로의 둘째 서간에 나오는 롯에 대한 평가는 이와 달라서 조금 더 자세히 살펴볼 필요가 있습니다. "소돔과 고모라 두 고을은 멸망하도록 단죄하시고 잿더미로 만드시어, 불경한 자들에게 내릴 벌의 본보기로 세우셨습니다. 그러나 … 롯은 구해 주셨습니다. 사실 그 의인은 … 무도한 행실들을 보고 듣느라고 … 괴로움을 겪고 있었던 것입니다."(2베드 2,6-8).

의로운 롯이 소돔의 악을 견디느라 괴로움을 겪었다는 이 내용은 창세기의 묘사와 모순되어 보이지만 이는 상대적인 평가입니다. 곧 소돔 사람들에 비해 롯이 의로웠다는 의미입니다. 이는 에제키엘서 16장 51절과 같은 맥

락입니다. "사마리아는 네(예루살렘)가 지은 죄의 반만큼도 죄짓지 않았다. … 네가 저지른 그 모든 역겨운 짓으로, 너의 자매들이 오히려 **의롭게 여겨지도록** 만들었다." 롯은 소돔 사람들처럼 폭력을 행사하거나 약자를 괴롭히지는 않았습니다. 오히려 자기 지붕 아래의 길손을 보호하려고 나름대로는 '처녀 딸까지 내놓으면서' 최선을 다했습니다. 그러나 모범이 될 만한 의로운 행동도 하지 않았으니 롯은 세태에 쉽게 휩쓸리는 범부였던 셈입니다.

롯의 두 딸과 모압과 암몬의 기원(창세 19장)

결국 소돔과 고모라는 망하고, 롯과 두 딸은 한적한 곳으로 피신하여 살아남게 됩니다. 그런데 창세기 19장 30-38절에는 무척 당황스러운 이야기가 이어집니다. 음주로 말미암은 부녀의 근친상간입니다. 첫째 딸이 낳은 아들은 **'모압מואב'**인데, 그 이름은 '아버지에게서'라는 뜻으로 곧 '아버지와 동침하여 낳았다'라는 뜻을 담고 있습니다. 둘째 딸이 낳은 **'벤 암미בן־עמי'**는 '내 친족의 아들'이라는 뜻으로 이 역시 친족인 아버지에게서 얻은 아이임을 암시합니다. 딸들은 왜 아버지를 취하게 만들어 근친상간이라는, 두고두고 수치가 될 일을 행하였을까요? 성경은 왜 이런 당황스러운 이야기를 후대에 남겨 들려주는 것일까요?

본문은 이 당혹스러운 일이 '아버지에게서 후손을 이어 나가려는'(창세 19,31 참조) 딸들의 **절박한 목적**에서 비롯되었음을 우선적으로 밝힙니다. 당시

롯과 그의 딸들(부분), 베로네세의 공방, 16세기, 스트라스부르 미술관, 스트라스부르, 프랑스.

여인들의 힘은 자신이 낳은 아들에게서 나왔기에, 멸망한 세상에서 고립되었다고 여긴 그들로서는 이것이 유일한 방법이었을지 모릅니다. 하지만 그 방식에서 우리는 기묘한 문학적 대칭을 발견합니다. 소돔의 불한당들이 몰려왔을 때, 롯은 두 딸의 동의 없이 그들을 희생양으로 삼으려 했습니다(창세 19,8 참조). 어쩌면 이후 딸들 역시 아버지를 인사불성으로 만들고 그의 동의 없이 관계를 맺음으로써, 롯이 그토록 지키려 했던 (남성 중심적) 명예를 무너뜨린 것은 그가 저지르려 했던 폭력의 끔찍한 귀결처럼 읽히기도 합니다. 결국 이 이야기는, 그다지 의롭지 못했던 롯이 근친상간을 통해 이후 이스라엘의 숙적이 될 모압족과 암몬족의 조상을 낳게 되었음을 알리는 논쟁적 기원 설화로 기능합니다.

모압은 사해死海를 사이에 두고 이스라엘의 동편에 자리하게 되는데, 북쪽의 지리적 경계는 아르논강(참조: 민수 21,13; 판관 11,18 등), 남쪽의 경계는 제렛개천(민수 21,12 참조)이었습니다. 벤 암미의 후손인 암몬의 영토 역시 요르단강 건너편으로서, 모압에서 북쪽으로 자리하게 됩니다. 모압과 암몬은 형제간이라 이후 성경에 자주 나란히 언급됩니다(참조: 신명 23,4; 에제 25,10; 스바 2,8-9 등).

두 딸이 벌인 이 일은 창녀로 분장하여 시아버지의 대를 이은 타마르(창세 38장 참조)나 야곱을 편애하여 맏아들 에사우의 복을 가로채도록 도운 레베카의 비정상적인 모성애(창세 27장 참조)를 떠올리게 합니다. 말하자면, 부족한 인간들이 모여 사는 이 세상의 어쩔 수 없는 한계에도 불구하고 모든 것을 궁극의 선으로 이끌어 주시는 하느님의 손길이 이 이야기 안에서도 드러난다는 뜻입니다.

실제로 이런 두 딸의 행위로 인해 모압 여인 룻이 등장하고, 그 핏줄에서 다윗 임금과 예수님이 역사에 나오니 이는 반전의 드라마라 하겠습니다. 다윗 임금과 예수님의 조상이 되는 모압 여인 룻은 시어머니 나오미의 곁을 지키며, 이스라엘까지 따라와 하느님을 섬긴 인물입니다. 룻은 나오미 부부가 베들레헴의 기근을 피해 모압으로 피난 갔을 때 얻은 며느리 가운데 하나입니다. 이후 나오미는 모압에서 남편과 두 아들을 모두 잃자 며느리들을 내보내어 새 삶을 꾸리게 하였지만, 룻은 끝까지 남아 홀로 된 시어머니의 동반자가 되었습니다. 이런 룻의 효심은, 가장 위태로울 때 아버지에게 버림받아 일생일대의 환난을 겪을 뻔한 롯의 두 딸의 아픔을 생각나게 합니다. 이후 룻은 베들레헴에서 이삭을 주워 가며 시어머니를 보살피다 보아즈와 수숙혼(嫂叔婚, ייבום 예붐)을 하고, 이를 계기로 다윗 임금의 조상이 되어 구세주의 족보(마태 1,5)에도 이름을 올립니다.

이런 반전은 소돔과 고모라의 재앙 끝에 모압과 암몬을 탄생시킨 롯의 두 딸의 말 못 할 상처를 씻기에 충분하며, 이 상처가 마침내 룻을 거쳐 다윗 임금과 구세주에 이르는 구원 역사 안에서 성화되었음을 보여 줍니다.

묵상

1. 주님께서 보내시는 천사는 이름표를 달고 오지 않습니다. "주님의 날은 도둑처럼"(2베드 3,10) 오리라는 말씀처럼 길손의 모습으로 아브라함을 갑작스럽게 방문하셨던 하느님께서는 굶주리고 헐벗은 이의 모습으로 우리에게도 찾아오실 것입니다(마태 25,40 참조). "주님, 주님!" 하고 부른다고 모두 하늘 나라에 들어가는 것이 아니라, 하늘에 계신 아버지의 뜻을 실행하는 이라야 들어간다(마태 7,21 참조)는 가르침을 늘 되새겨야 합니다. 나는 지금 내 곁의 작고 보잘것없어 보이는 이를 하느님의 천사처럼 대하고 있나요?

2. 소돔과 고모라의 가장 큰 문제는 도덕 불감증이었을 것입니다. 한때 악으로 여겨졌던 일들이 되풀이되면서 무감각하게 일상으로 자리 잡는 현상이 두 성읍에 널리 퍼졌을 것입니다. 우리 사회에도 '도덕이 밥 먹여 주느냐?'는 냉소적인 말이 퍼진 적이 있습니다. 하지만 사람은 빵만으로 살지 않는다는(마태 4,4 참조) 사실과 도덕이 지닌 진정한 가치를 알면서도 이를 애써 외면하고 있지는 않은지 우리 사회를 돌아보아야 하겠습니다. 내가 속한 공동체(가정, 직장, 본당 등)에서 무감각하게 받아들이는 잘못으로는 무엇이 있을까요?

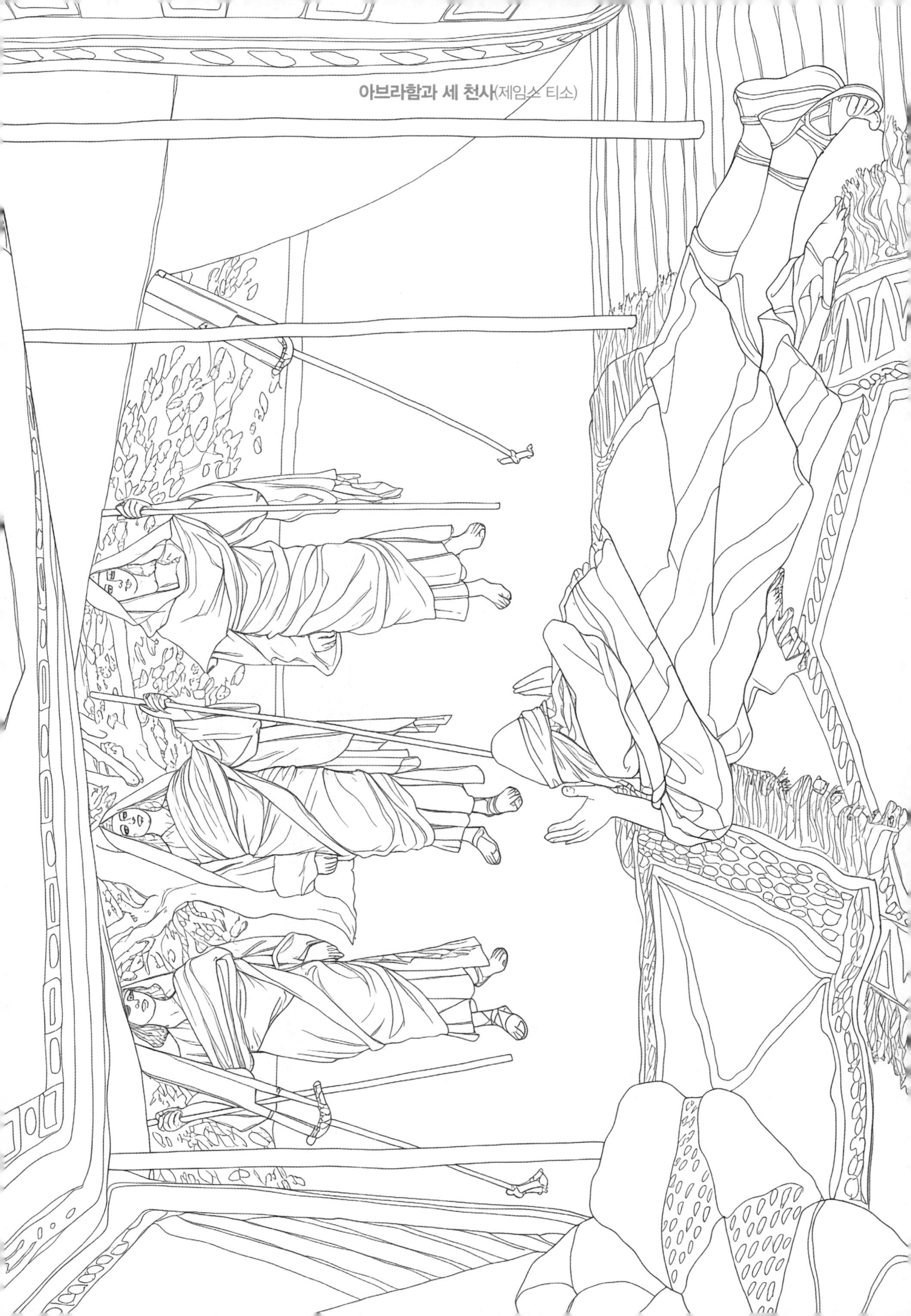

아브라함과 세 천사(제임스 티소)

제5과

창세 20-21장

위기에서 성조의 선택과 두 아들

광야의 하가르와 천사, 제임스 티소, 1896-1902년경, 유다인 박물관, 뉴욕, 미국.

● **말씀: 창세기 20장 2절; 21장 2.10.12.19절**

20 **2**아브라함은 자기 아내 사라를 자기 누이라고 말하였다. 그러자
그라르 임금 아비멜렉이 사람을 보내어 사라를 데려갔다.

21 **2**사라가 임신하여, 하느님께서 아브라함에게 일러 주신 바로 그때
에 늙은 아브라함에게 아들을 낳아 주었다. **10**아브라함에게 말하였다. "저
여종과 그 아들을 내쫓으세요. 저 여종의 아들이 내 아들 이사악과 함께 상
속을 받을 수는 없어요." **12**그러나 하느님께서는 아브라함에게 말씀하셨다.
"그 아이와 네 여종 때문에 언짢아하지 마라. 사라가 너에게 말하는 대로 다
들어 주어라. 이사악을 통하여 후손들이 너의 이름을 물려받을 것이다." **19**
그런 다음 하느님께서 하가르의 눈을 열어 주시니, 그가 우물을 보게 되었
다. 그는 가서 가죽 부대에 물을 채우고 아이에게 물을 먹였다.

함께 읽을 성경: 창세기 20장 1.3-18절 ; 21장 1.3-9.11.13-18.20-34절

이끎말

아내를 누이라 한 성조 이야기(창세 20장)

창세기 20장에는 의문을 불러일으키는 일화가 등장합니다. 창세기 12장 10-20절에도 비슷한 일화가 실려 있습니다. 두 대목에서 아브라함은 아내 사라를 이방 임금들에게 누이라고 소개합니다. 20장 12절에서 아브라함은 '아버지는 같지만 어머니가 다른 누이'였기에 사라가 자기 아내가 되었다고 해명합니다. 그런데 창세기 26장 7절에서는 대를 이어 그의 아들 이사악이 아내 레베카를 이방 임금에게 누이로 소개하는 일이 벌어집니다. 두 성조 모두 위기를 모면하려고 그렇게 한 것인데, 지도자답지 못함은 물론이고 속임수를 쓴 행동 자체가 비윤리적으로 보입니다. 이 문제를 어떻게 이해해야 할까요?

이 의문에 대해서는 아가에서 실마리 하나를 얻을 수 있습니다. 아가 4장 9절 등에서 신부가 '누이'와 나란히 쓰여(병행어), 두 호칭 사이에 관계가 있음을 암시합니다. 실제로 연인들이 서로를 '오빠', '누이'라 칭한 흔적이 옛 이집트에 남아 있고, 인류 최초의 문명으로 알려진 수메르에도 같은 관습이 존재한 것으로 나타납니다. 가나안의 한 고대 설화에는 '아나트'라는 여신이 '아크하트'라는 인간 남자를 '너는 나에게 남자 형제가 되고, 나는 너에게 누이가 되리라.'는 말로 유혹하는 장면도 있습니다. 이 모두 '오빠', '누이' 호칭이 고대 근동에서 애정 관계를 암시하는 표현으로 쓰였음을 짐작하게 하는 예입니다. 이를 고려하면 아브라함과 이사악이 완전히 거짓말을 한 것은 아닙니다. 물론 일종의 속임수였음은 분명하지만 말입니다.

그렇다면 아브라함과 이사악이 성조로서 지닌 위상에 해를 끼칠 수 있는 이런 이야기가 성경에 왜 세 번이나 실렸을까요? 아마도 이는 성조들을 믿음의 모범으로 세우긴 했지만, 그들 역시 일반 백성처럼 약점을 지닌 인간임을 알려 주고자 한 것으로 보입니다. 그래서 **누구든 자신의 약함을 발견하더라도 성조들의 예를 보며 좌절하지 않도록** 말입니다.

두 성조가 나라 없이 떠돌던 **약자로서 목숨을 위협받을 때 일어난 사건**

사라가 파라오의 궁전으로 끌려가다, 제임스 티소, 1896-1902년경, 유다인 박물관, 뉴욕, 미국.

이라는 점도 고려해야 합니다. 나무가 너무 꼿꼿하면 거센 바람에 부러질 수 있습니다. 하지만 '풀이 바람보다도 더 빨리 눕고, 바람보다 먼저 일어난다.'라고 김수영 시인이 노래한 것처럼, 유연함이 때로는 생존의 지혜일 수 있습니다. 아브라함과 이사악은 낯선 이들의 위협 속에서 품위를 잠시 접고 생존을 도모해 후대를 기약하기를 택했다고도 볼 수 있습니다. 아브라함은 가나안의 기근 탓에 이집트로 피난 간 상황이었습니다. 그런데 그곳에서 자신은 죽고 아내를 빼앗기리라는 위기감에 빠집니다. 이에 어차피 아내를 빼앗길 바에야 자신이라도 살아남는 방법을 모색해야 했던 것 같습니다. 가나안으로 돌아가 보았자 기근의 고통과 죽음만이 기다리고 있을 뿐이기 때문입니다. 말하자면 이 이야기는 정치 · 경제적 약자로 살아가는 이들의 딜레마를 표현했다고도 할 수 있습니다. 이는 여러 학자가 지적하듯, 이스라엘 백성이 이집트에서 종살이하던 시절을 떠올리며, 이방 땅에서 철저한 약자로 버텨 낸 자신들의 모습을 두 성조에게 투영한 것일 수 있습니다. 곧 성조들의 이야기를 통해 생존을 위협받는 절박한 상황에서도 포기하지 않는 법을 가르쳐 주는 이야기로 거듭났다는 뜻입니다.

이사악의 탄생과 이스마엘의 추방(창세 21장)

이어지는 창세기 21장에서 아브라함은 드디어 사라에게서 아들을 얻게 됩니다. 아브라함은 새로 얻은 아들에게 '이사악(יצחק 이쯔학)'이라는 이름을 붙여 주었는데, 이는 '웃다'라는 뜻으로서 아브라함과 사라가 잉태 예고를 믿지 못하고 웃었던 일, 그리고 마침내 아들을 얻었을 때 사라가 기뻐하며 웃었던 일(창세 21,6 참조)을 모두 함축하는 이름으로 보입니다.

하지만 사라는 몸소 아들을 낳자, 이스마엘의 존재를 위협으로 여겨 그와 그의 어머니 하가르를 쫓아내게 됩니다. 사라는 이스마엘이 이사악과 노는 것을 보고 이스마엘과 그 어머니 하가르를 내쫓으려 했는데(창세 21,9-10 참조), 이것만 보면 사라의 마음이 몹시 옹졸해 보입니다. 하지만 본문의 내용은 그리 간단하지 않습니다. 9절에 '함께 놀다'로 옮겨진 히브리어 '메짜헤크 מצחק'는 '이쯔학יצחק'과 어근이 같습니다. 그래서 기본적으로 '웃다'를 의미하지만, 본문에 쓰인 동사의 형태(피엘형)로는 '조롱하다', '비웃다'라는 뜻으로도 풀이할 수 있습니다(참조: 창세 39,17; 2역대 30,10; 시편 37,13 등). 바오로 사도는 이를 확대 해석하여 "육에 따라 태어난 아들이 성령에 따라 태어난 아들을 박해"(갈라 4,29)했다고 서술합니다. 어쩌면 사라는 이스마엘이 이사악과 노는 모습을 그를 조롱하는 것으로 보고(이스마엘의 입장에서는 억울할 수도 있겠으나) 쫓아내려 한 것인지도 모르겠습니다. 그의 어머니 하가르도 임신했을 때 여주인 사라를 업신여겼던 전례(창세 16장 참조)가 있기 때문입니다. '자라 보고 놀란 가슴 솥뚜껑 보고 놀란다.'라는 속담처럼, 그 아들에게서도 비슷한 모습을 보았기에 사라가 극단적인 행동을 한 것으로 보입니다.

하느님께서는 이 일로 언짢아하는 아브라함에게 사라의 뜻대로 해 주라고 하신 뒤, 쫓겨난 하가르 모자母子를 돌보아 주십니다. 그리고 이스마엘을 큰 민족으로 만들어 주시겠다고 약속하십니다(창세 21,18 참조). 흥미롭게도 이슬람 전통에 따르면, 이스마엘은 아랍인의 조상입니다. 이스마엘이 아랍인과 관계 있음을 암시하는 증거는 구약 성경에도 발견됩니다. 에제키엘서 27장 21절에서 '아라비아'가 '케다르'와 나란히 나와(병행어) 둘의 관계성을 암시합니다. 창세기 25장 13절에 따르면 '케다르'는 이스마엘의 아들입니다. 예레미야서 49장 32절에서는 케다르 주민들을 '관자놀이의 머리를 민 자들'이라 일컫는데, 이는 아랍 부족들을 뜻하는 표현입니다. 헤로도토스의 『역사』(3,8)에 따르면 아랍 부족들은 일종의 종교 의식으로 관자놀이 부근의 머리카락을 깎았다고 합니다. 그렇다면 이스마엘에 대한 하느님의 약속이 이후 이렇게 성취된 셈입니다.

창세기 21장의 마지막 단락에는 아브라함이 그라르 임금 아비멜렉과 브에르 세바의 우물을 두고 계약을 맺는 내용이 이어집니다. 이 대목의 목적은 두 가지로 보입니다. 첫째는 브에르 세바라는 지명의 어원을 설명하고, 둘째는 그곳이 이스라엘의 중요한 종교 중심지가 된 기원을 알려 주려는 것입니다. 아브라함은 가나안에 들어온 이래, 브에르 세바에서 처음으로 현지의 우물을 차지하고 지역 임금에게 그 소유권을 보장받게 됩니다. 그라르 임금 아비멜렉과 우물을 두고 계약을 맺을 때, 어린 암양 일곱 마리를 걸고 맹세하였다고 해서 그 이름을 '브에르 세바באר שבע'라 하게 되었다고 본문은 서술합니다. '브에르באר'는 우물, '세바שבע'는 '맹세' 또는 '일곱'을 뜻하는 히브리어입니다. 그 뒤 아브라함은 브에르 세바에서 자신을 돌보아 주시는 하느님께 감사하며 에셀 나무를 심고 주님의 이름을 받들어 불렀습니다(창세 21,33 참조). 다음 장인 창세기 22장에서 아브라함이 하느님의 명령으로 이사악을 번제물로 바치기 위해 모리야 땅으로 떠난 곳도, 그리고 그곳에서 다시 돌아온 곳도 바로 브에르 세바입니다(창세 22,1-3.19 참조). 브에르 세바는 이후 왕정 시대에도 성소로서의 역할을 하여, 이스라엘 백성이 그곳을 순례하곤 하였음을 아모스서 5장 5절과 8장 14절 등에서 짐작할 수 있습니다.

● 묵상

1. '과거 없는 성인은 없다.'는 속담이 있습니다. 이는 여러모로 부족함이 많은 우리에게 위로가 되는 말입니다. 본문에서 접하는 아브라함과 이사악의 대처 방식은 우리가 삶에서 큰 문제를 마주했을 때 무엇이 가장 중요한지 우선순위를 정하게 해 주는 예로도 보입니다. 하지만 '미래 없는 죄인도 없다.'는 말처럼, 위기를 극복한 성조들이 그 자리에 머무르지 않고 더 나은 모습으로 성장했음을 기억해야 합니다. 우리 또한 그러한 성장의 가능성에 희망을 두고 끊임없이 정진해야겠습니다. 과거의 실수나 약점을 딛고 더 나은 모습으로 성장하기 위해 노력했던 경험이 있나요?

2. 심리학 용어로 '확증 편향確證偏向'이라는 말이 있습니다. '사람은 보고 싶은

것만 본다.'라는 말과 깊이 연관된 이 용어는, 자신의 신념이나 가치관과 일치하는 정보에만 주목하고 그렇지 않은 정보는 무시하는 경향을 가리킵니다. 이 때문에 우리는 보고 싶은 것만 보고 듣고 싶은 것만 듣는 '오만과 편견'에 사로잡히기도 합니다. 이스마엘이 어린 이사악과 노는 모습을 보고 이를 조롱하는 행위로 단정해 버린 사라의 모습이 그 예입니다. 이처럼 오해에서 비롯된 판단으로 한쪽이 희생양이 되면, 그가 겪는 상처는 매우 클 수 있습니다. 자신의 믿음을 근거 없이 과신하게 만드는 확증 편향은 언제나 경계해야 할 대상입니다. 나의 선입견 때문에 다른 사람이나 상황을 오해했던 경험이 있나요?

3. 하느님께서는 아브라함을 민족들의 아버지로 만들어 주시겠다고 약속하셨습니다. 그 약속대로 아브라함의 아들 이사악에게서는 야곱을 통해 이스라엘 백성이 나왔고(에사우를 통해서는 에돔이 나옵니다), 이스마엘에게서는 아랍 민족이 기원한 것으로 보입니다. 그렇다면 유다인과 아랍인은 같은 조상에서 나온 형제 민족이라 할 수 있습니다. 그런데도 오늘날 같은 땅에 살며 영토 분쟁을 벌이고 있는 현실이 참으로 안타깝습니다. 이는 한 민족이면서도 남북으로 갈라진 우리나라도 마찬가지입니다. 분열이 있는 곳에 평화가 깃들도록 하느님께 지혜를 청하고, 분쟁 해결을 위해 다 함께 마음을 모아 기도해야겠습니다. 우리 주변의 갈등과 분열(가정, 사회, 남북 관계 등)을 치유하기 위해 내가 할 수 있는 일은 무엇일까요?

하가르와 이스마엘(모리츠 다니엘 오펜하임)

제6과

창세 22-24장

이사악의 번제, 사라의 죽음, 이사악의 혼인

아브라함의 제사, 렘브란트와 그의 공방, 1636년, 알테 피나코테크, 뮌헨, 독일.

● 말씀: 창세기 22장 1-2.9-12절

22 **1**이런 일들이 있은 뒤, 하느님께서 아브라함을 시험해 보시려고
"아브라함아!" 하고 부르시자, 그가 "예, 여기 있습니다." 하고 대답하였다.
2그분께서 말씀하셨다. "너의 아들, 네가 사랑하는 외아들 이사악을 데리고
모리야 땅으로 가거라. 그곳, 내가 너에게 일러 주는 산에서 그를 나에게 번
제물로 바쳐라." **9**그들이 하느님께서 아브라함에게 말씀하신 곳에 다다르
자, 아브라함은 그곳에 제단을 쌓고 장작을 얹어 놓았다. 그러고 나서 아들
이사악을 묶어 제단 장작 위에 올려놓았다. **10**아브라함이 손을 뻗쳐 칼을 잡
고 자기 아들을 죽이려 하였다. **11**그때, 주님의 천사가 하늘에서 "아브라함
아, 아브라함아!" 하고 그를 불렀다. 그가 "예, 여기 있습니다." 하고 대답하
자 **12**천사가 말하였다. "그 아이에게 손대지 마라. 그에게 아무 해도 입히지
마라. 네가 너의 아들, 너의 외아들까지 나를 위하여 아끼지 않았으니, 네가
하느님을 경외하는 줄을 이제 내가 알았다."

함께 읽을 성경: 창세기 22장 3-8.13-24절; 23-24장

● 이끎말

이사악 번제 사건(창세 22장)

창세기 22장 1-19절은 아브라함의 이사악 번제 사건을 서술합니다. 이는 예로부터 오랫동안 의문을 자아내 온 대목입니다. 인신 제사를 금하시는 하느님께서 아브라함에게 아들을 바치라고 하셨습니다. 더욱이 이사악은 하느님께서 아브라함에게 약속하신 자손이었기 때문에 더욱 이해하기 어려운 명령이었습니다. 당시 아브라함은 이스마엘을 떠나보낸 뒤였는데(창세 21,8-21 참조) 이제는 이사악마저 잃게 될 처지이니 '부모나 자식을 더 사랑하는 사람은 나에게 합당하지 않다.'(마태 10,37 참조)라는 말씀이 절로 떠오릅니다. 인신 제사에 대해서는 이후 오경에서 여러 차례 금지하는 언급이 있었는데(참조: 레위 18,21; 20,2-5; 신명 18,10-12 등), 이러한 율법을 주시는 하느님께서 아브라함에게는 왜 아들을 바치라고 하셨을까요?

아브라함의 이사악 번제 사건은 언뜻 옛 이스라엘에 존재했던 인신 제사에 대해 암시하는 듯합니다. 율법에서 금한 인신 제사가 암암리에 행해졌음을 성경 여러 곳에서 확인할 수 있습니다(참조: 예레 32,35; 에제 16,20-21; 23,37.39 등). 이스라엘의 인신 제사는 가나안, 특히 페니키아 티로의 영향을 크게 받은 것으로 보입니다. 티로의 식민지였던 카르타고에서 수많은 인골이 발견되었는데, 이 흔적이 티로에 인신 제사 관습이 있었음을 짐작하게 합니다(2열왕 3,27 등도 참조). 이처럼 인신 제사가 행해졌던 이유는 신에게 큰일을 청하려면 가장 소중한 것을 바쳐야 한다는 믿음에 있었을 것입니다. 이스라엘 백성은 가나안에 정착한 뒤 그곳 주민들이 쓰던 제단을 하느님 제단으로 바꾼 경우가 많았는데, 그로 인해 가나안의 악습이 조금씩 되살아나 인신 제사와 결부되거나 우상 숭배 장소로 변질된 듯합니다.

하지만 이사악 번제 사건은 가나안의 인신 제사와 다릅니다. 가나안인들은 재앙에서 구원받으려고 또는 큰 소원을 이루려고 자식을 바쳤지만, 아브라함은 위기를 겪는 상황이 아니었고 대가를 청했다는 언급도 없습니다. 오히려 이사악 번제 사건은 하느님께서 요구하신 일이었으며, 그 요구를 철회하신 분도 하느님이셨습니다. 창세기 22장 1절은 이 일이 주님의 '시험'일 뿐임을 분명히 밝힙니다. 그렇다면 하느님께서는 무슨 목적으로 아브라함을 시험하셨을까요?

시험의 의미에 대해서는 마태오 복음서 4장 1-11절에서 실마리를 얻을 수 있습니다. 하느님께서 허락하신 시험의 예가 거기에도 나오는데, 바로 예수님께서 광야에서 사탄에게 유혹받으신 사건입니다. 1절에 따르면 이는 '성령의 인도로' 이루어진 일이므로, 결국 하느님께서 허락하신 시험입니다. 같은 절에서 '유혹받다'로 옮겨진 그리스어 '페이라조πειράζω'도 같은 메시지를 전달합니다. 이는 '유혹하다'만이 아니라 '시험하다'라는 뜻도 지니는 동사이기 때문입니다. 말하자면 하느님께서는 예수님을 시험하셨고, 사탄은 그 시험 안에서 예수님을 유혹하였음을 시사합니다. 하느님께서 예수님을 시험하신 목적은, 예수님께서 장차 메시아로서의 소명을 잘 완수하실 수 있음을 미리 보여 주시려는 데 있었을 것입니다.

그렇다면 아브라함의 경우도 비슷하게 풀이할 수 있습니다. 그가 주님의 구원 사업에 합당한 협력자임을 후대 백성에게 증명하려 하신 것입니다. 시험을 거치며 무언가를 깨달은 이도 아브라함 자신이었을 것입니다. 처음에는 불가능해 보이던 시련을 통과하며 자신이 주님을 얼마나 신뢰하는지 실감하지 않았을까요? 설사 이사악이 죽더라도 주님께서 다시 일으켜 주시리라고 믿었을 것입니다(히브 11,17-19 참조). 말하자면 조금씩 성장해 온 아브라함의 믿음이 더욱 단단해졌고, 그 믿음이 이번 시험을 계기로 현실에서 드러난 것입니다. 아브라함 안에 잠재해 있던 신앙이 단순한 가능성에 그치지 않고 실제로 표출되어, 이로써 자신도 미처 가늠하지 못했을 믿음의 깊이를 증명한 것입니다. 이렇게 아브라함이 주님 사업의 협력자로서 자격을 증명하자, 목적을 이루신 하느님께서는 이사악 대신 준비하신 숫양을 주셨습니다(창세 22,8.13 참조).

아브라함은 숫양을 바친 뒤 그곳을 **'야훼 이레**יהוה יראה'라 칭합니다. 이는 '주님께서 보시다', 곧 '주님께서 필요한 것을 살펴 채워 주신다.'는 의미입니다. 모리야מוריה라는 지명도 '보다'라는 어근에서 파생된 것으로 추정되므로 '이레'와 어원이 같습니다. 그렇다면 아브라함은 주님께서 '보여 주신' 모리야 땅을 찾아갔으며(창세 22,2-3 참조), 주님께서는 그곳에서 아브라함이 당신의 협력자임을 '드러내 보이도록' 이끄신 셈입니다. 역대기 하권 3장 1절에

이사악의 봉헌, 모세 미즈라치, 1887-1888년, 유다인 박물관, 뉴욕, 미국.

따르면, 모리야는 예루살렘에 있으며, 훗날 솔로몬이 그곳에 주님의 성전을 지어 봉헌하게 됩니다. 모리야가 있는 예루살렘은 아브라함과 이사악 부자가 출발한 브에르 세바에서 도보로 사흘쯤 걸리는 거리(창세 22,4 참조)에 있습니다. 이때 이사악이 번제물을 사를 나무(장작)를 지고 간 일(창세 22,6 참조)은, 훗날 십자가를 메고 죽음의 언덕으로 가시는 예수님을 미리 보여 주는 사건으로 풀이됩니다. 유다교에서는 이사악 번제 사건을 이스라엘 민족이 겪어야 했던 고난과 질곡의 역사를 상징한다고 해석하지만, 그리스도교에서는 예수님의 십자가 죽음을 예표하는 사건으로 풀이합니다. 예루살렘의 주님 무덤 성당 안 십자가의 길 제10처에도 이사악 번제 모자이크가 장식되어 있습니다.

모리야에서 일어난 이 일이 시사하는 바는 또 있습니다. 하느님께서 이사악 대신 숫양을 준비해 주셨듯이, **이스라엘도 주변 민족들처럼 인신 제사를 드려서는 안 되며 동물 제사만 드려야 한다**는 것입니다. 그렇다고 하느님께서 인신 제사를 완전히 없애신 것은 아닙니다. 바로 당신께서 처음이자 마지막으로 외아드님을 제물로 내주셨습니다. 교부 이레네오 성인은 이에 대해 다음과 같이 설명합니다(『이단 논박』 4,5 참조). 아브라함이 주님을 온전히 신뢰하여 외아들을 아끼지 않고 내놓았기에, 하느님께서도 훗날 외아드님이신 예수님을 아브라함 후손들의 구원을 위해 내놓으셨다는 것입니다. 그리고 성자께서 희생 제사를 모두 완성하신 뒤에는 동물 제사마저 필요 없어졌으므로(히브 7,27 참조), 이 역시 '야훼 이레', 곧 '주님께서 필요한 것을 살펴 채워 주신 은총'이라 하겠습니다.

사라의 죽음과 막펠라 동굴 구매(창세 23장)

아브라함이 시험을 무사히 통과한 뒤, 이사악은 주님의 약속대로 아브라함 계약의 상속자가 됩니다. 그의 혼인은 창세기 24장에서 서술되며, 22장 20-24절에는 미리 소개되는 족보가 있습니다. 장차 이사악의 신부가 될 레베카를, 아브라함의 동생 나호르가 밀카에게서 얻은 아들인 '브투엘'(창세 22,23)

막펠라 동굴 위에 세워진 성조들의 무덤 내부(부분). 거대한 건축물인 이 무덤에는 아브라함과 사라, 이사악과 레베카, 야곱과 레아의 무덤이 있다. 사진: © Ralf Roletschek(위키미디어, CC-BY-SA 4.0)

이 낳았다고 전하는 것입니다. 창세기 22장과 24장 사이에는 이사악의 어머니 사라의 죽음이 기록되어, 이제 한 세대가 저물고 새로운 세대가 그 뒤를 잇고 있음을 알려 줍니다.

창세기 23장에 따르면, 아브라함은 헤브론에서 사라를 안장할 무덤으로 막펠라 동굴을 사들입니다. 헤브론은 창세기 18장에서 아브라함이 마므레의 참나무 아래 천막을 치고 살 때 세 천사의 방문을 받은 곳입니다. 이제 그곳은 아브라함이 가나안에서 땅을 소유하게 된 첫 번째 성읍이 됩니다. 아브라함은 헤브론의 성문 앞에서 막펠라 동굴 구매를 확정하였습니다. 고대 근동에서 성문 앞은 법적 문제를 해결하는 장소이자 시장이 열리는 공적인 장소였기 때문입니다.

고대 근동인들은 유사시에 대비하려고 성읍을 요새처럼 만들고 그 안에서 살았습니다. 불가피하게 성 밖에 사는 사람들은 전쟁이 일어나면 성 안으로 피신해야 했습니다(예레 4,5-6 등 참조). 사정이 이러하니 성 내부는 거주지만으로도 빼곡하여, 많은 사람이 모일 만한 장소는 성문 앞 공터뿐이었습니다. 그래서 성읍 주민들은 성문 앞 공터로 나와 외부인들과 물건을 사고팔았고, 성읍의 지도자들은 이곳에 자리를 잡고 주민들을 위해 재판을 해 주었습니다. 압살롬이 아버지 다윗에게 반역하기 전 성문 앞을 다니며, 재판을 청하러 임금을 찾아오는 이들을 만나 자신이 더 잘할 수 있다며 민심을 얻으려 한 일이 일례입니다(2사무 15,2-6 참조). 다윗의 조상 보아즈는 베들레헴 성문으로 올라가 원로들을 그곳에 앉게 한 뒤(룻 4,1-2 참조), 룻과의 혼인 문제를 해결하였습니다. 이처럼 성문 앞에서는 시장도 열렸으므로, 아브라함은 헤브론의 성문 앞에서 히타이트 사람 에프론에게 막펠라 동굴을 샀고, 그곳에 모여 있던 다른 히타이트인들이 매매를 인증합니다(창세 23,10.18 참조).

이는 하느님께서 아브라함에게 하신 가나안 땅의 약속이 성취되기 시작한 순간이라 할 수 있습니다. 특히 고대 근동에서 조상의 무덤은 그 땅이 후손에게 속해 있음을 드러내는 표지와 같았습니다. 이런 점에서 아브라함의 막펠라 동굴 구매는, 그의 후손이 가나안을 차지하게 되리라는 예고(전조)의 역할을 합니다. 훗날 다윗이 첫 수도로 헤브론을 택한 데(참조: 2사무 2,11; 1열왕 2,11)에도 이런 배경이 작용했을 것입니다. 아브라함도 이후 죽어서 막펠라 동굴에 함께 묻히고(창세 25,7-11 참조), 이사악과 레베카, 야곱과 레아 역시 같은 곳에 안장됩니다(참조: 창세 49,31; 50,13). 벤야민을 낳다가 난산으로 죽은 라헬만 베들레헴 어귀에 따로 묻힙니다(창세 35,16-20 참조).

이사악의 혼인(창세24장)

아내를 안장한 뒤 아브라함은 후세를 기약하기 위해 이사악의 혼인 문제를 해결하려 합니다. 신뢰하는 종에게 맹세를 시킨 다음, 자신의 친족이 있는 곳으로 보내어 신붓감을 구해 오게 합니다. 이때 아브라함은 종으로 하여금 그의 손을 자기 '샅'에 놓게 하여 맹세하게 하였는데(참조: 창세 24,2-4; 47,29), 이는 아마도 주님과의 계약 표징인 할례 부위를 가리키는 것으로 보입니다.

그렇게 파견된 아브라함의 종이 레베카의 가족을 찾아내어 혼인 제안 내용을 전하자, 레베카는 그 종을 선뜻 따라나섭니다(창세 24,58 참조). 마치 아브라함이 하느님의 부르심을 받고 주저 없이 고향을 떠났듯이 말입니다. 이런 모습에서 활달하고 적극적인 레베카의 성격을 엿볼 수 있습니다. 레베카의 가족은 떠나는 그를 축복하는데, 이는 아브라함이 이사악 번제 사건 뒤에 받은 축복의 말씀 "너의 후손은 원수들의 성문을 차지할 것이다."(창세 22,17)를 거의 똑같이 되풀이한 것입니다(창세 24,60 참조). 이로써 이사악이 계약의 상속자로서 후대를 잘 이어 가리라는 점이 암시됩니다.

이 여정에서 하느님께서는 초자연적인 힘으로 개입하시지 않지만, 그럼에도 그분의 손길이 함께하고 계심을 확신하게 됩니다. 레베카의 가족이 이사악을 직접 보지 않고도 청혼을 받아들이도록 아브라함의 종이 기도하고, 그 기도가 이루어지는 과정을 레베카의 가족에게 설명하는 대목(창세 24,12-48 참조)에서 이를 알 수 있습니다.

아브라함의 종이 레베카를 만나다, 제임스 티소, 1896-1902년경, 유다인 박물관, 뉴욕, 미국.
레베카와 레베카의 가족은 이사악을 직접 보지 않고도 그 청혼을 선뜻 받아들였다.

다만 성조 시대에는 낙타가 가축화되지 않았음을 들어 창세기 24장 본문에 의문을 제기하는 이들도 있습니다. 이는 아마도 본문이 글로 옮겨지던 후대에는 낙타가 이미 먼 거리를 이동하는 동물의 대명사로 자리 잡았기에, 저자가 당시 독자들의 이해를 돕기 위해 그렇게 표현하였을 것입니다.

● 묵상

1. 아브라함은 '사랑하는 외아들 이사악'을 온전한 믿음으로 하느님께 바치려 했습니다. 사실 우리는 입으로는 하느님을 믿고 따른다고 하면서도, 어려움에 부딪히거나 불리한 상황에 놓이면, 말과 행동이 달라지기 일쑤입니다. 이는 믿음이 온전하지 못하기 때문일 것입니다. 한 점 의심 없이 온전히 신뢰할 수 있는 대상이 있다는 것은 큰 은총이요 행복입니다. "하느님만으로 족하도다."라고 고백한 아빌라의 대데레사 성녀의 기도가 우리의 기도가 될 수 있도록, 하느님께 도움을 청하며 믿음을 키워 갑시다. 내 삶에서 하느님께 온전히 맡기기 어려웠던 순간은 언제였으며, 그때 무엇이 나를 망설이게 했나요?

2. 우리는 일을 빨리빨리 처리하는 것을 좋아합니다. 그 덕분에 경제 발전도 유례를 찾아보기 어려울 만큼 빠른 속도로 이뤄냈습니다. 하지만 이제는

인내심을 가지고 차근차근 내실을 다지는 훈련이 필요해 보입니다. 너무 많은 것을 빠르게 이룬 결과, 여러 면에서 부실한 점이 드러났기 때문입니다. 아브라함은 자기 시대에 가나안 땅의 약속이 성취되지 않아도, 많은 후손이 바로 주어지지 않아도 조바심을 내지 않았습니다. 주님께서 이끄시는 속도에 맞추어 함께 이루어 나갔습니다. 이러한 성조의 모습에서 교훈을 얻어, 우리도 내실을 다지는 훈련을 해 나가며 우리나라를 더 안전하고 살기 좋은 공동체로 가꾸도록 힘을 모읍시다. 내가 빠른 성과를 추구하다가 놓친 것은 무엇이었고, 기다림의 시간이 가져다준 선물은 무엇이었나요?

3. 하느님께서는 아브라함에게 가나안 땅을 약속하셨습니다. 이는 인간의 응답과 실천을 전제하는 약속입니다. 아무리 하느님의 약속이라도, 믿음과 실천이 따르지 않으면 어찌 실현될 수 있겠습니까? 하느님의 약속은 인간의 응답과 만날 때 비로소 이루어질 수 있기에, 아브라함은 헤브론에서 땅을 사들였습니다. 이후 이스라엘 백성도 이집트에서 탈출한 뒤 가만히 기다리기만 한 것이 아니라, 광야에서 단련받고 가나안으로 들어가 정복 노력을 기울였습니다. '하늘은 스스로 돕는 자를 돕는다天助自助者.'라는 말을 떠올리게 하는 이 예들을 이어받아, 우리도 삶에서 능동적인 자세를 잃지 않고 하느님의 뜻을 실현하기 위한 노력을 기울여야 합니다. 하느님의 은총과 나의 노력이 아름답게 조화를 이루었던 경험이 있나요?

아브라함의 종이 레베카를 만나다(제임스 티소)

제7과

창세 25-27장

에사우와 야곱

이사악이 야곱을 축복하다(부분), 호퍼르트 플링크, 1638년경, 국립 미술관, 암스테르담, 네덜란드.

● **말씀: 창세기 27장 6-8.23.30-32절**

27 **6**레베카는 아들 야곱에게 일렀다. "얘야, 너의 아버지가 네 형 에사
우에게 이렇게 말하는 것을 들었다. **7**'사냥한 고기를 가져다가 나를 위하여 별
미를 만들어라. 그것을 먹고, 내가 죽기 전에 주님 앞에서 너에게 축복하겠다.'
8그러니 내 아들아, 내가 너에게 말하는 것을 듣고 시키는 대로 하여라." **23**그
는 야곱의 손에 그의 형 에사우의 손처럼 털이 많았기 때문에 그를 알아보지
못하고, 그에게 축복해 주기로 하였다. **30**이사악이 야곱에게 축복하고 나서
야곱이 아버지 앞에서 물러나자마자, 그의 형 에사우가 사냥에서 돌아왔다.
31그도 별미를 만들어 아버지에게 들고 가서 말하였다. "아버지, 일어나셔서
아들이 사냥해 온 고기를 잡수시고, 저에게 축복해 주십시오." **32**그의 아버지
이사악이 그에게 "너는 누구냐?" 하고 물으니, 그가 "저는 아버지의 아들, 아
버지의 맏아들 에사우입니다." 하고 대답하였다.

함께 읽을 성경: 창세기 25-26장; 27장 1-5.9-22.24-29.33-46절

이끎말

레베카를 아내로 맞이한 뒤 이사악은 오래 기다리며 기도한 끝에 쌍둥이 아들을 얻습니다. 그런데 이 쌍둥이는 태 안에서부터 다투어, 동생이 형을 이기려는 듯 형의 '발꿈치를 붙들고' 태어납니다. 이에 동생의 이름은 '야곱(יעקב 야아코브)'이라 하였고(창세 25,26 참조), 선둥이는 몸이 붉고 털이 많아 '에사우עשו'라 하였습니다(창세 25,25 참조). '야곱'의 어근 '아카브עקב'는 '(발꿈치를) 붙들다', '속이다', '보호하다' 등의 뜻을 지니는데, 이는 그의 생애를 암시하면서도 '주님의 보호'를 청하는 이름이기도 합니다. 에사우는 에돔의 조상이 되고(창세 36,1 참조) 야곱은 이스라엘의 조상이 됩니다. 에사우의 후손인 '에돔אדום' 역시 조상의 피부색처럼 '붉다', '빨갛다'라는 어원에서 나온 민족의 이름입니다. 야곱은 창세기 32장 29절에서 이스라엘이라는 새 이름을 얻으므로, "야곱의 자손들"(민수 23,10 등)은 이후 "이스라엘 자손들"(창세 32,33; 탈출 1,7 등)로도 일컬어집니다.

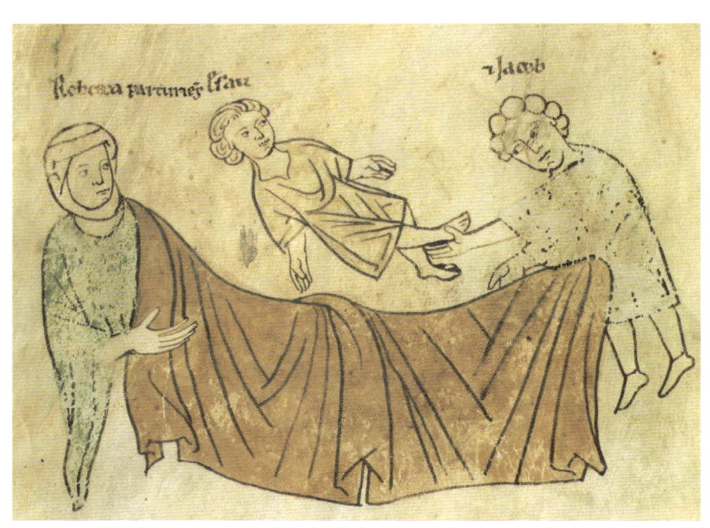

에사우와 야곱의 탄생, 『팜플로나 성경』 삽화, 1200년경, 아우크스부르크 대학교 도서관, 아우크스부르크, 독일.

장자권과 속임수

사실 선둥이는 에사우이지만, 장자권은 야곱이 차지합니다. 장자권을 대수롭지 않게 여긴 에사우에 비해(창세 25,30-34 참조), 야곱은 복을 받는다면 무엇이든 할 준비가 되어 있던 사람으로 보입니다. 야곱이 장자권을 차지하게 된 경위는 창세기 25장 29-34절에서 밝혀 줍니다. 허기진 채 들에서 돌아온 에사우에게 야곱이 불콩죽 한 그릇을 팔고 맏아들 권리를 사들인 것입니다. 배고픈 형에게 그냥 주어도 될 콩죽을 맏아들 권리와 맞바꾼 야곱이 비열하게 보여 에사우를 동정하게 되지만, 해당 본문은 아브라함 계약과 관련된 권리는 그것을 열망하는 이에게 넘어간다는 메시지를 전하는 듯합니다. "에사우는 맏아들 권리를 대수롭지 않게 여겼다."(창세 25,34)라고 하듯이, 소중하게 생각하지도 않는 사람에게 주어 봤자 소용이 없기 때문입니다. 에사우가 이방 여인을 아내로 맞았다는 창세기 26장 34절과 28장 9절의 서술 역시, 그가 맏아들 권리를 이어받았다면 계약의 상속자로서 역할을 충실히 했을지 의문을 품게 합니다.

에사우가 장자권을 팔다(부분), 조반니 안드레아 데 페라리, 1650년경, 아카데미아 리구스티카 디 벨레 아르티, 제노바, 이탈리아.

그렇다고 형의 약점을 이용해 이득을 취한 야곱의 행동이 자랑스러운 것은 아닙니다. 더구나 야곱은 이후 어머니 레베카의 도움을 받아 아버지와 형을 속이고(창세 27,1-29 참조) **아버지의 축복**까지 가로챕니다. 이러한 야곱의 비열함은 다음 단락에서 확인하듯, 그의 성장 과정에서 호된 대가를 치르며 어느 정도 바로잡힙니다. 하지만 야곱은 형과 달리 가나안 여인을 아내로 맞아서는 안 된다는 아버지의 뜻에 따라(창세 28,1 참조) 하란으로 가서 외숙 라반의 두 딸을 아내로 맞습니다. 실제 역사에서도 선둥이의 후손 에돔이 왕국을 먼저 세우지만(창세 36,31 참조), 이후 다윗에게 정복당하며(2사무 8,13-14 참조) 야곱이 차지한 장자권의 효력을 증명합니다. 다만 아버지와 형을 기만하면서까지 원하는 것을 거머쥔 야곱은 과연 행복하게 살았을까요?

야곱의 죄와 벌

성경이 하느님의 말씀을 담고 있다고 해서 등장인물들이 모두 성인군자인 것은 아닙니다. 오히려 지극히 인간적인 질투와 갈등, 애증 등이 여과없이 표출되는 경우가 많습니다. 그럼에도 성경이 경전인 이유는 인간의 악을 선으로 바꾸어 이끄시는 하느님의 손길이 드러난다는 점에 있습니다(창세 50,20 참조). 야곱은 결국 아브라함 계약의 상속자가 되지만, 형과 아버지를 속인 그의 죄는 정당화되지 못합니다. 비록 성경에 야곱의 죄와 벌이 조목조목 지적되지는 않지만, 독자들이 유추할 수 있도록 실마리가 숨어 있습니다.

첫째, 집에 있기를 좋아하는 야곱이(창세 25,27 참조) 그런 천성을 접고 오랫동안 고향을 떠나 있어야 했다는 점입니다. 무려 이십 년 동안 외숙의 집에서 **타향살이**를 합니다(창세 31,38 참조). 야곱의 기만 행위에 일조하고, 후에는 그 탓을 아들에게 돌리는(창세 27,45 참조) 레베카 역시 아들이 그토록 오래 나가 살 줄은 꿈에도 몰랐을 것입니다(창세 27,44-45 참조). 결국 이 모자는 다시 만나지 못했으므로, 이는 야곱과 레베카가 함께 받은 벌이라 하겠습니다.

둘째, 형과 아버지를 속인 야곱이 외숙의 집에서는 자기처럼 욕심 많은 라반에게 **속고 이용당**합니다. 그는 라반의 속임수 때문에 자신이 사랑한 라헬 대신 레아를 먼저 아내로 맞이하게 되는데(창세 29,25 참조), 이때 라반이 한 말(창세 29,26 참조)이 과거 야곱의 죄를 떠올리게 합니다. '그 고장 관습에 따르면 맏딸보다 작은딸

야곱(부분), 제임스 티소, 1896-1902년경, 유다인 박물관, 뉴욕, 미국

을 먼저 주는 법은 없다.'는 것입니다. 이외에도 라반이 야곱을 속인 일은 창세기 31장 7절에 암시되어 있습니다("당신네 아버지는 나를 속이면서 내 품값을 열 번이나 바꿔 쳤소."). 라반의 기만 때문에 야곱은 이십여 년을 타향에서 머슴살이하며 보내지만, 누구를 탓하겠습니까? 이는 자신이 형과 아버지를 기만한 죄를 그대로 되돌려받은 것이라 하겠습니다.

셋째, 야곱이 받은 벌 가운데 절정에 이른 것은, 그가 가장 사랑한 라헬의 아들 요셉이 형들의 음모에 빠져 이집트로 팔려 가게 된 일입니다. 요셉의 형들이 아버지를 속인 방법도 의미심장합니다. 염소를 잡아 그 피를 요셉의 옷에 묻혀 그의 죽음을 거짓으로 꾸몄습니다(창세 37,31-32 참조). 무엇이 되풀이되고 있나요? 야곱은 형 에사우가 사냥 나간 틈을 타 염소를 잡고 별미를 준비한 뒤 에사우의 옷을 입고 아버지를 속였습니다(창세 27,1-29 참조). 곧 염소와 옷으로 아버지를 속였던 죄가 자신에게 되돌아온 셈입니다. 이후 야곱은 이집트 재상이 된 요셉을 만나러 내려가 파라오 앞에 섰을 때, 자신의 삶이 불행했다고 고백합니다(창세 47,9 참조).

야곱은 결국 아브라함 계약의 상속자가 되지만, 성경은 그가 죗값을 크게 치르고 성숙해지는 과정을 거쳤음을 알려 줍니다. 사실 기만은 야곱만 저지른 죄가 아닙니다. 아브라함과 이사악도 자기 목숨을 부지하려고 아내를 누이라고 속여 위험에 빠뜨린 적이 있습니다(참조: 창세 12장; 20장; 26장). 성조들에게서 드러나는 이런 부족함은, 하느님의 모습대로 창조된 인간이 그 창조 목적에 합당하게 발전하고 변모하는 과정을 보여 주는 예일 것입니다. 장자권을 차지하기 위해서라면 무엇이든 했던 야곱도 하느님을 만나며 성장합니다. 이러한 그의 변화 과정은 다음 과에서 펼쳐집니다.

● 묵상

1. 상처는 주로 가까운 사람들에게서 받습니다. 그래서 우리는 상처 받을지 모른다는 두려움 때문에 사랑하기를 주저하는지도 모릅니다. 하지만 에사우와 야곱의 이야기는, 비록 서로에게 상처를 입히지만 이러한 상처마저 보듬어 바로잡아 주시며 최선의 길로 이끌어 주시는 하느님의 손길을 발견하게 합니다. 고통 없는 성장은 없으며, 신명기 32장 35절은 '복수와 보복은 하느님께서 하실 일'이라고 가르칩니다. 누군가를 믿었기에 받은 아픔이 크다면, 그 이후의 심판은 온전히 하느님께 맡겨 드리고, 우리는 그 상처를 디딤돌 삼아 더 크게 성장하는 길로 들어서야 합니다. 가까운 사람에게 받은 상처를 하느님께 맡기고 용서로 나아간 경험이 있나요?

2. 우리는 야곱의 지난 삶의 여정에서 '뿌린 대로 거둔다.'는 속담의 지혜를 다시금 깨닫습니다. 이기적이고 욕심 많은 야곱이 자신을 능가하는 적수 라반을 만나 갈고닦이는 과정에서 특히 그렇습니다. 아마 야곱에게도 자신과 비슷한 사람을 만나며 스스로를 돌아보는 계기가 되지 않았을까요?

우리도 살면서 만나는 주변 인물들을 타산지석 또는 반면교사로 삼습니다. 그렇다면 나는 가족이나 이웃에게 어떤 모습으로 기억되어 있을지 성찰하는 시간을 가져 보면 좋겠습니다. 내가 다른 사람에게 보여 주고 싶은 모습과 실제 모습의 간극은 어떻게 좁혀 갈 수 있을까요?

3. 좋은 사람이나 사물의 가치를 알아보는 눈을 '안목'이라고 합니다. 평범한 사람의 눈에는 그저 바위나 나무로 보이는 것이 조각가에게는 날갯짓하는 독수리나 포효하는 호랑이로 보이듯이 말입니다. "거룩한 것을 개들에게 주지 말고, 너희의 진주를 돼지들 앞에 던지지 마라."(마태 7,6)라는 말씀도 그 가치를 알아보지 못하는 이들을 경계하라는 가르침입니다. 물론 이 말씀은 장자권을 대수롭지 않게 여긴 에사우에게 적용하기에는 지나친 평가일 수 있습니다. 하지만 보석을 알아보지 못하는 이에게 그것을 주는 것은 분명 의미 없는 일입니다. 그렇다고 에사우의 삶이 무가치했다고 말할 수는 없습니다. 그에게도 주님께서 준비해 주신 고유한 삶의 길이 있었고, 그는 그 길을 개척해 나갔기 때문입니다. 자신의 성품과 안목이 삶의 방향을 결정하듯이, 에사우에게도 그에게 맞는 삶이 펼쳐졌으며 우리 각자에게도 그러할 것입니다. 내 삶에서 더 귀하게 여겨야 할 가치는 무엇인가요? 소중한 가치를 놓치고 있지는 않나요?

이사악이 야곱을 축복하다(아브라함 반 디크)

제8과

창세 28-33장

야곱의 변모: 베텔에서 마하나임까지

천사와 씨름하는 야곱(부분), 외젠 들라크루아, 1854-1861년, 생쉴피스 성당, 파리, 프랑스.

● 말씀: 창세기 32장 23-29절

32 **23**바로 그 밤에 야곱은 일어나, 두 아내와 두 여종과 열한 아들을
데리고 야뽁 건널목을 건넜다. **24**야곱은 이렇게 그들을 이끌어 내를 건네 보
낸 다음, 자기에게 딸린 모든 것도 건네 보냈다. **25**그러나 야곱은 혼자 남아
있었다. 그런데 어떤 사람이 나타나 동이 틀 때까지 야곱과 씨름을 하였다.
26 그는 야곱을 이길 수 없다는 것을 알고 야곱의 엉덩이뼈를 쳤다. 그래서
야곱은 그와 씨름을 하다 엉덩이뼈를 다치게 되었다. **27**그가 "동이 트려고
하니 나를 놓아 다오." 하고 말하였지만, 야곱은 "저에게 축복해 주시지 않
으면 놓아 드리지 않겠습니다." 하고 대답하였다. **28**그가 야곱에게 "네 이름
이 무엇이냐?" 하고 묻자, "야곱입니다." 하고 대답하였다. **29**그러자 그가 말
하였다. "네가 하느님과 겨루고 사람들과 겨루어 이겼으니, 너의 이름은 이
제 더 이상 야곱이 아니라 이스라엘이라 불릴 것이다."

함께 읽을 성경: 창세기 28-31**장;** 32**장** 1-22.30-33**절;** 33**장**

이끎말

이번 과에서는 형을 피해 도망치던 야곱이 하느님을 깊이 체험한 곳 '베텔'을 시작으로, 이십여 년의 고된 타향살이를 거쳐 마침내 주님 천사의 무리를 다시 만나는 '마하나임'에 이르기까지, 그가 겪은 변모의 여정을 따라갑니다. 이 여정은 단순한 지리적 이동을 넘어, 한 인간의 내면이 성숙해지고 신앙이 깊어지는 과정 전체를 아우릅니다. 보잘것없는 한 인간이 어떻게 하느님의 깊은 섭리 안에서 단련되어 구원 역사의 협력자로 거듭나는지, 야곱의 발자취를 순서대로 따라가 보겠습니다.

도망자의 꿈: 베텔의 약속(창세 28장)

야곱은 두 가지 목적을 가지고 어머니의 고향 '파딴 아람'(호세 12,13의 '아람 땅'), 곧 메소포타미아 북부에 자리한 하란으로 외숙의 집을 향해 길을 떠납니다(창세 28,1-2 참조). 한 가지 목적은 에사우를 피해 도망가는 것이었고, 다른 하나는 가나안 여자를 아내로 맞아들이면 안 된다는 아버지의 조언을 따르기 위해서였습니다. 그러다 하룻밤 쉬려고 돌을 베고 잠든 곳에서 야곱은 천사들이 오르내리는 천상의 층계를 보게 됩니다. 신비로운 꿈에서 깨어난 야곱은 그곳이 '하느님의 집'이자 '하늘의 문'임을 깨닫습니다. 그래서 베개로 삼은 돌을 꿈 환시의 증거로 삼아 기념 기둥으로 세우고, 그곳의 이름을 '루즈'

에서 **'베텔**(בית אל 베트 엘, '하느님의 집'이라는 뜻)'로 바꾸어 붙입니다(창세 28,17-19 참조).

야곱이 꿈에서 목격한 천상의 층계는, 그 끝이 하늘까지 닿게 쌓으려 했던 창세기 11장의 바벨탑을 떠올리게 합니다. 창세기 11장의 바벨탑이 풍자한 것은 바빌론인들이 쌓은 '지구라트'로, 메소포타미아에서는 하늘과 땅을 연결하는 의미로 만들어진 탑이었습니다. 바빌론(*bab-ilim* 바브-일림)은 '신神의 문門'을 뜻하는 지명입니다. 하지만 실제로는 바벨탑, 곧 지구라트는 하늘까지 닿을 수 없었던 데 비해(창세 11,8 참조) 야곱 앞에 펼쳐진 천상의 층계는 하늘과 땅을 연결하고 있었고, 그 꼭대기에는 주님께서 서 계셨습니다(창세 28,12-13 참조). 말하자면 이 꿈은, 하늘 문은 바빌론이 아니라 이스라엘의 베텔에서 드러났음을 말하고자 한 셈입니다. 이 대목은 이후 요한 복음서 1장 49-51절에 반영되어, 이제는 예수님께서 계시의 원천으로서 하늘 문과 같은 역할을 하실 것임을 암시합니다.

그런데 베텔에서 천사들은 왜 층계를 오르내리고 있었을까요? 이는 주님께서 야곱에게 하신 창세기 28장 15절의 말씀과 관계 있어 보입니다. '야곱과 함께 계시며 지켜 주시고, 고향으로 다시 데려오실 것이며, 야곱에게 약속하신 것을 다 이루시기까지 그를 떠나지 않으시리라.'는 약속입니다. 그런 주님 곁을 천사들이 오르내린 것인데, 시편 91편 10-12절에는 이런 찬양이 나옵니다. 주님께서 천사들에게 명령하시어, 당신을 의지하는 이들이 해를 입지 않도록 모든 길에서 지켜 주게 하신다는 것입니다. 이에 비추어 보면, 베텔에 등장한 천사의 무리는 야곱의 수호천사들로 보입니다. 야곱은 인

야곱의 꿈, 제임스 티소, 1896-1902년경, 유다인 박물관, 뉴욕, 미국

류의 대표 격이므로, 이는 우리에게도 수호천사가 있음을 암시하는 대목이라 하겠습니다.

옛 유다교 문헌에서는 이 천사들을 두 무리로 구분하였습니다. 지상으로 내려오는 이들은 야곱이 가나안을 떠날 때 동행할 천사들이고, 올라가는 이들은 야곱이 가나안에 있을 때 보호해 주던 천사들이라는 것입니다(『창세기 라바』 68,12 참조). 창세기 28장은 야곱이 하란으로 떠나는 과정을 이야기하므로, 이제껏 그를 보호하던 천사들이 하늘로 '올라가고' 가나안 밖에서 하란 길에 동행할 천사들이 '내려오고' 있다고 본 것입니다. 이러한 환시를 목격한 뒤 야곱은 하란에 무사히 도착하여 외숙의 집에 살면서 레아와 라헬 자매를 아내로 맞습니다. 그리고 이때부터 야곱의 변모가 시작됩니다.

사실 야곱은 베텔에서만 해도, 이런 신비로운 광경을 보고도 조건을 걸며 **하느님과 협상한 사람**이었습니다. 주님께서 약속하신 대로(창세 28,13-15 참조) 자기를 지켜 주시고 무사히 귀향시켜 주시면, 주님께서는 그의 하느님이 되시고 자신은 십일조를 바치겠다고 서원합니다(창세 28,20-22 참조). 야곱이 이런 사람이었기에, 라반이라는 만만치 않은 적수를 등장시켜 야곱이 자성하고 변화하도록 깨달음을 주었을 것입니다. 야곱의 적수가 될 라반의 사람됨은 창세기 24장 29-30절에서 엿볼 수 있습니다. 그는 여동생 레베카의 코와 팔에 걸려 있는 금 코걸이와 금 팔찌를 보고 아브라함의 종에게 달려갑니다. 부유한 친척이 보낸 사람임을 알고 반응했다는 암시입니다. 이런 라반이, 자기 집에 빈손으로 온 야곱을 그냥 먹이고 재워 줄 리 없습니다. 그는 야곱이 자기 집에 머문 지 한 달이 되었을 때, 야곱도 생계를 위해 일해야 한다고 암시하며 품삯을 협상합니다(창세 29,15 참조). 마치 야곱이 자신을 지켜 주시겠다고 약속하신 하느님과 협상했듯이 말입니다.

레아와 라헬, 그리고 야곱이 얻은 자식들(창세 29-30장)

이후 야곱은 라반의 집에서 머슴살이하며 레아와 라헬 자매를 아내로 얻기까지 7년씩 총 14년을 일합니다. 하지만 레아가 사랑받지 못하는 것을 하느님께서 보시고 레아의 태는 열어 주셨으나 라헬은 임신하지 못했습니다(창세 29,31 참조). 이런 사정을 암시하는 대목 가운데 하나가 **'합환채'**와 관련된 창세기 30장 14-16절입니다. 레아의 맏아들 르우벤이 들에서 합환채를 발견해 가져오자, 라헬이 이를 탐내며 레아와 거래하는 내용입니다.

합환채合歡菜는 지중해 연안에서 자라는 다년생 식물로 고대에는 수태에 도움이 된다고 여겨졌습니다. 합환채를 뜻하는 히브리어 '두다임דודאים'은 '연인'을 뜻하는 '도드'의 복수형인 '도딤'과 유사하며 아가 7장 14절에도 사랑의 묘약처럼 언급됩니다. 그리스 신화에서 사랑의 여신으로 등장하는 아프로디테는 합환채의 여신으로 통했다고 합니다. 합환채는 독성분을 다소 함유하고 있어 마취 효과를 내는데 불임 부부들이 이를 최음제처럼 쓴 것으로 알려졌습니다. 그래서 라헬이 합환채를 탐낸 듯합니다. 어쩌면 야곱이 옳지 않은 방법으로 장자권을 차지한 일이 남편의 사랑을 독차지하고도 언니를 이기려 한 라헬의 부질없는 노력으로 돌아온 것인지도 모릅니다.

아이를 갖지 못했던 라헬이 이 합환채를 얻고자 야곱과의 하룻밤을 레아에게 양보하면서 이미 아들 넷을 낳은 레아가 오히려 이사카르를 또 낳게 됩니다. 하느님께서는 레아가 남편의 사랑을 받지 못하자 대신 자식들을 많이 주시어 그들의 사랑을 받게 하신 것 같습니다. 그 뒤에도 레아는 즈불룬과 디나를 출산합니다(창세 30,16-21 참조). 그에 비해 라헬은 합환채를 손에 넣고도 삼 년 이상 아이를 갖지 못하다가 하느님께서 기억해 주신 뒤에야 비로소 요셉을 얻습니다(창세 30,22-24 참조). '요셉יוסף'은 아이 없는 수치를 주님께서 '없애 주셨음'을 라헬이 기뻐하면서 아들 하나를 '더 주시기'를 청하며 붙인 이름입니다. 요셉의 어근은 '아사프אסף' 또는 '야사프יסף'인데, 전자는 '없애다' '가져가다'를, 후자는 '더하다'를 뜻합니다. 라헬은 야곱과 함께 가나안으로 들어온 뒤 소원대로 벤야민을 마지막으로 낳게 됩니다(창세 35,16-18 참조). 이렇듯 성경은 **자녀를 얻는 일이 합환채가 아닌 하느님께 달려 있음**을 보여 줍니다.

이후 창세기 30장의 마지막 단락에는 야곱이 라반에게 자신의 귀향을 청하며 **품삯을 협상**하는 내용이 이어집니다. 야곱은 품삯으로 얼룩지고 점 박힌 양과 염소를 요구하고, 자기 가축의 수를 늘리기 위해 껍질 벗긴 나뭇가지를 이용하는 비법을 씁니다(창세 30,37-39 참조). 이 일이 어떻게 이루어졌든 본문은 하느님께서 개입하시어 일어난 일임을 암시합니다(창세 31,8-12 참조). 라반이 귀향을 허락하지 않자 야곱은 결국 품삯을 챙겨 몰래 도망칩니다(창세 31,20-21 참조). 그런 다음 야곱이 이스라엘이라는 새 이름을 받고 거듭나는 변모의 마지막 과정이 이어집니다.

귀향과 씨름: 마하나임 그리고 새 이름 이스라엘(창세 31장)

사냥꾼이 된 에사우와 달리 야곱은 천막에 머물기 좋아하던(창세 25,27 참조) 온순하고 목자다운 성품을 지닌 인물이었습니다. 그러나 옳지 못한 방법으로 장자권과 아버지의 축복을 가로챈 뒤 그는 형의 분노를 피해 집을 떠나야 했습니다. 20여 년의 타향살이 끝에 야곱은 '이스라엘'이라는 이름을 새로

받고(창세 32,29 참조) 더 성숙한 모습으로 귀향합니다. 이러한 변화 과정을 상징적으로 보여 주는 지명이 '베텔'과 '마하나임'입니다(참조: 창세 28장; 29장).

야곱은 귀향길에 올라 세이르에 사는 형 에사우를 먼저 찾아가기로 합니다. 묵은 잘못을 해결하기 전까지는 마음 편히 귀향할 수 없었기 때문일 것입니다. 그런데 라헬이 집을 떠나기 전 아버지의 집안 수호신들을 훔칩니다(창세 31,19 참조). 그것을 낙타 안장 속에 넣고 위에 올라앉아, 자신들을 뒤쫓아 온 아버지 라반을 속이는 데 성공합니다(창세 31,34 참조). 이때 집안 수호신들은 한 여인의 엉덩이 밑에 눌리는 신세가 되어도 아무 반응을 보이지 않음으로써 한낱 우상일 뿐임을 은연중에 증명합니다. 다만 라헬의 행위를 알지 못한 야곱이, 만약 수호신을 훔친 이가 가족 가운데 있다면 죽어 마땅하다고 큰소리를 쳐 라헬이 이후 막둥이를 낳다 맞을 죽음을 의도치 않게 예고하게 됩니다(창세 31,32 참조).

이렇게 온 가족을 데리고 귀향길에 오른 야곱은, 사흘 만에 이를 알고 뒤쫓아 온 라반과 화해한 뒤 길을 재촉하다 마하나임에서 천사들의 진영을 마주하게 됩니다(창세 32,2-3 참조). 베텔에서 보았던 장면과 비슷한 모습을 그곳에서 다시 본 야곱은 그곳이 '마하네 엘로힘(מחנה אלהים '하느님의 진영')'이라고 감탄하며 지명을 '마하나임'이라 붙였습니다.

'마하나임'은 '진영 두 개'를 뜻하는 쌍수형이라는 점이 의미심장합니다. 이는 베텔의 층계를 '올라가고 내려가던' 천사들의 모습을 연상시키며, 천사들이 야곱과 동행하며 그를 보호해 주었음을 짐작하게 합니다. 귀향하는 지금은 가나안에서 동행할 천사들이 임무를 교대하는 듯한데, 마하나임은 지리적으로도 가나안 입구에 자리합니다. 요르단강을 경계로 한 가나안의 건너편 지방으로 베텔 북동쪽에 위치해 있습니다. 또한 마하나임은 야곱의 '진영 두 개'라는 뜻으로도 풀이할 수 있는데, 에사우가 장정 사백 명을 거느리고 온다는 소식에 야곱이 자기 일행을 '두 무리'로 나누었기 때문입니다(창세 32,8.11 참조). 한 무리가 패해도 다른 무리가 살아남을 수 있도록 말입니다. 그러므로 마하나임이라는 지명은, 야곱이 혈혈단신 홀로 떠난 과거와 달리 큰 무리가 되어 돌아옴을 또한 암시합니다.

야곱의 변모(창세 32-33장)

마하나임에서 천사들의 진영을 목격한 뒤, 야곱은 과거의 비열하고 유약한 모습에서 상당히 벗어났음을 보여 줍니다. 전투와는 어울리지 않던 그가 에사우를 만나려 할 때는 나름의 '전술'을 짜고 철저히 대비합니다(창세 32,4-22 참조). 사실 야곱은 라반에게 경계를 넘지 않겠다고 맹세한 뒤였으므로 위험이 닥쳐도 후퇴할 수 없었습니다(창세 31,52 참조). 유일한 대안은 현실을 인정하고 부딪치는 것뿐이었습니다. 이런 야곱을 지탱해 준 것은 하느님께 의지하는 기도였는데(창세 32,10-13 참조) 여기서 그의 성장한 모습을 확인할 수 있습니다. 창세기 28장의 베텔에서는 자신을 보호해 주시겠다는 하느님께 조건을 걸며 거래하려 들었지만 이제는 스스로 자신을 주님의 종이라 칭하며 그분의 도우심을 청할 수 있었기 때문입니다. 그런데 그 기도에 응답이라도 받듯이 야곱은 곧 어떤 신적 존재와 씨름하고 승리하게 됩니다. 야곱과 승부를 겨루었던 신적 존재의 정체는 무엇일까요?

혹자는 야곱이 씨름한 곳이 강 옆이라는 점을 들어 강을 신격화한 옛 신관이 신적 존재의 등장에 반영되었다고 추측합니다. 당시 야곱은 달빛에 의지해 식솔들로 하여금 강을 건너게 했기에(창세 32,23 참조), 강의 위협적인 면이 신적 존재와의 씨름으로 표출되었다는 것입니다. 하지만 문제는 창세기 32장 27-29절에서 그 미지의 존재가 야곱을 축복해 준다는 점입니다. 이처럼 축복을 해 주었다는 점에서 그 미지의 존재를 강의 신과 관련된 위협적인 악령으로 풀이한다는 것은 적절해 보이지 않습니다. 이보다는 베텔과 마하나임에서 야곱을 지켜 주는 천사들의 무리가 등장했던 것처럼, 이번에는 귀향하는 야곱을 위협하는 에사우의 수호천사로 풀이할 수 있습니다(『창세기 라바』 77,3; 78,6 참조). 그렇다면 에사우의 천사가 싸움에 져서 야곱을 축복하였음은 야곱이 가로챈 장자권이 이제 완전히 야곱에게로 이전되었음을 인정하는 상징 행위라 할 수 있습니다.

그런데 야곱이 축복을 얻어 낸 과정이 눈길을 끕니다. 이때도 그는 그 미지의 존재가 동이 터 오려 하니 이제 그만 놓아 달라고 하는데도 자기를 축복해 주기 전까지는 놓아줄 수 없다며 원하는 것을 쟁취해 냈기 때문입니다. 복을 받기 위해서라면 무슨 일이든 하던 그의 버릇대로 말입니다. 그리고 씨름이 끝난 뒤 동이 트면서(창세 32,32 참조), 야곱에게 새 삶이 기다리고 있음을 암시합니다. 이는 야곱이 천사와 씨름을 하고도 살았으니 에사우의 위협 정도는 충분히 극복할 수 있다는 예고이기도 합니다. 이때 야곱은 **이스라엘이라는 새 이름**을 받음으로써(창세 32,29 참조) 타인의 뒤꿈치나 붙잡던(참조: 창세 25,26; 27,36) 예의 비열한 이미지에서 어느 정도는 벗어났음을 알립니다.

이후 야곱은 형을 만났을 때 **과거의 죄를 용서받으려는 자세**를 취합니다. 심부름꾼을 먼저 보내어 에사우에게 선물을 주려 하였고(참조: 창세 32,21; 33,8-11) 형을 직접 만났을 때는 자신을 '종'으로 낮춥니다(창세 33,5 참조). 이는 비열하게 가로챈 형의 장자권과 형이 동생을 섬기게 되리라던 아버지의 축복(창세 27,40 참조)을 보상하려는 노력으로 보입니다. 물론 실제로 되돌릴 수는 없었겠지만 용서를 구하려는 마음만은 담겨 있었던 듯합니다. 이때 에사우가 야곱을 용서한 듯 보인 것은 어쩌면 아버지의 축복이 무색하게 야곱이 가족만 데리고 나타났음에 위로를 얻었기 때문인지도 모릅니다. 자신은 장정을 사백 명이나 거느릴 정도로 성장하였는데 말이지요. 이 모두는 아마도 야곱과 에사우 둘 다를 생각하신 하느님의 섭리였을 것입니다.

성경은 야곱의 씨름 사건을 계기로 이스라엘 백성이 **짐승의 엉덩이뼈 큰 힘줄**(환도뼈 둔부의 큰 힘줄)**을 먹지 않는 관습**을 갖게 되었다고 전합니다(창세 32,33 참조). 이 독특한 관습의 배경에 대해 오늘날 학자들은 크게 두 가지 차원에서 접근합니다.

먼저 '이 관습이 왜 생겨났는가?'라는 질문에 초점을 맞추어 역사 문화적으로 접근하는 학자들은 이 구절을 이스라엘의 관습이 어떻게 시작되었는지 설명하는 '기원 설화Etiology'로 봅니다. 이 설명에 따르면, 야곱 시대 고대 근동의 이웃 민족들은 짐승의 특정 부위(특히 생식기 부근)를 생명력이나 창조력을 지니고 있다고 여겨 신성시하거나 먹는 것을 금기시했던taboo 듯합니다. 창세기는 이러한 이방의 믿음을 반박하며 그 의미를 신앙적으로 '재정립'한 것으로 보입니다. 즉 이스라엘 자손이 그 부위를 먹지 않는 것은 막연한 주술적 · 미신적 이유 때문이 아니라 그들의 조상 야곱이 겪은 구체적인 신앙 체험(천사와의 씨름, 부상, 그리고 '이스라엘'이라는 새 이름과 축복을 받음)을 '기억Anamnesis'하기 위한 역사적이고 신앙적인 행위로 의미를 바꾸었다는 것입니다.

다음으로 '이 관습이 오늘날 우리에게 주는 메시지는 무엇인가?'에 초점을 맞추어 상징적 교훈적으로 접근하는 학자들은 역사적 배경보다는 본문이 주는 영적 의미를 찾습니다. 엉덩이 부근(환도뼈)은 종종 인간의 강한 욕망이나 충동(예: 성적 욕망)과 연결되는 부위로 상징되곤 합니다. 이 해석에 따르면, 천사가 야곱의 이 부위를 쳤다는 것은 이성적 사고를 마비시키고 도덕적 판단을 흐리게 할 수 있는 맹목적인 욕망을 제어한다는 상징적 행위로 봅니다. 따라서 이 관습은 이스라엘 백성에게 늘 깨어 경계하며 맹목적인 충동에 빠져 신앙인의 판단력을 잃지 말라는 도덕적 · 영성적 메시지를 전달하려는 의도가 담겨 있을 수 있습니다.

온순하고 집에 있기를 좋아하던 야곱이 마침내 천사와 겨루어 이길 정도가 되었음은 이십여 년의 피난살이가 그를 얼마나 성숙시키고 단련시켰는지 엿보게 합니다. 그리하여 야곱은 이스라엘이 되었고, 새로 거듭난 야곱에게서 이스라엘 백성이 탄생합니다. 하지만 아브람이 아브라함이 된 뒤 아브람의 이름으로 돌아간 적이 없는 것과 달리 야곱의 이름은 끝까지 사라지지 않습니다. 이는 이스라엘이라는 새 이름을 얻은 뒤에도 야곱의 천성이 완전히 사라지지 않았음을 암시하는 듯합니다. 그가 어머니 레베카처럼 아들들 가운데 요셉만 편애한 일이 단적인 예일 것입니다. 성경은 인간의 변화가 아닌 하느님의 인내에 관한 책이라는 말이 있습니다. 참으로 그렇습니다. 우리 인간 세상에 완벽한 존재가 있을까요? 하느님께서는 인내심을 가지고 개개인의 모나고 부족한 점을 갈고닦아 구원 계획의 일부가 되도록 이끄시는데, 야곱의 모습은 이를 보여 주는 한 예라고 하겠습니다.

● 묵상

1. 하느님께서는 비루한 야곱도 아브라함 계약의 상속자로 삼으시며 도구로 귀하게 쓰셨습니다. 다만 그냥 쓰시지 않고 온갖 시련을 주시어 단련과 성숙의 과정을 겪게 하신 뒤 구원 사업의 협력자로 삼으셨습니다. 이는 우리에게 희망을 줍니다. 내가 아무리 초라하고 하찮게 여겨질지라도 주님께서는 나를 도구로 소중하게 쓰실 수 있음을, 그래서 어떤 역경이 닥쳐도 이는 당신께서 당신의 도구를 갈고닦으시는 제련의 과정임을 인식할 수 있습니다. 시련을 통해 성장했던 경험이 있나요?

2. '수원수구誰怨誰咎'라는 말이 있습니다. '누구를 원망하고 누구를 탓하겠는가'라는 뜻으로, 모든 일의 결과는 결국 자기 자신에게서 비롯된다는 의미입니다. 야곱이 이십여 년간 불안한 피난살이를 한 것은 과거 자신의 잘못이 불러온 결과였습니다. 하지만 그는 그 대가를 치르는 과정을 통해 더 성숙한 사람으로 발전합니다. 우리 역시 세상일은 자기 하기에 달렸음을 기억하고, 혹시 어려움을 겪더라도 그것을 달게 받아들이며 변화와 성장의 기회로 삼을 수 있도록 늘 성찰하며 기도해야겠습니다. 나의 잘못으로 비롯된 어려움을 성장의 발판으로 삼았던 경험이 있나요?

3. 야곱은 오랜 피난살이 끝에 성장하여 옛 모습을 버리는 데 어느 정도 성공했지만, 편애하는 마음만은 끝까지 버리지 못했습니다. 그는 "내 아내가 나에게 아들 둘을 낳아 주었다는 것을 너희도 알지 않느냐?"(창세 44,27)라며, 자신이 끝내 라헬만을 아내로 여기고 그가 낳은 두 아들만 특별하게 생각한다는 것을 다른 자식들 앞에서 드러냈습니다. 아들들은 아버지의 이런 모습에 익숙해졌을지 모르지만, 그 과정에서 받았을 마음의 상처는 얼마나 깊었을까요? 야곱의 모습을 거울삼아, 나는 누군가를 편애하거나 미워하여 그 관계에 상처를 입힌 적은 없는지 돌아보아야 하겠습니다. 나도 모르게 누군가를 더 아끼거나 혹은 멀리하여 관계에 어려움을 만든 적은 없었나요?

야곱과 라헬이 우물가에서 만나다(제임스 티소)

제9과

창세 34-36장

갈등의 씨앗, 운명의 갈림길

스켐이 디나를 겁탈하다, 제임스 티소, 1896-1902년경, 유다인 박물관, 뉴욕, 미국.

● 말씀: 창세기 34장 1-7절

34 **1**레아가 야곱에게 낳아 준 딸 디나가 그 고장 여자들을 보러 나갔
다. **2**그런데 그 고장의 족장인 히위 사람 하모르의 아들 스켐이 디나를 보고,
그를 데리고 가서 겁탈하였다. **3**그는 야곱의 딸 디나에게 반하여 그 소녀를
사랑하게 되었다. 그는 그 소녀에게 다정하게 이야기하였다. **4**스켐은 자기 아
버지 하모르에게 "이 처녀를 제 아내로 얻어 주십시오." 하고 말하였다. **5**야
곱은 스켐이 자기 딸 디나를 더럽혔다는 말을 들었지만, 아들들이 가축과 함
께 들에 있었기 때문에, 그들이 돌아올 때까지 아무 말도 하지 않았다. **6**스켐
의 아버지 하모르가 야곱에게 이야기하려고 왔다. **7**마침 야곱의 아들들이 들
에서 돌아와 있었는데, 이 남자들은 소식을 듣고 분개하여 화가 치밀어 있었
다. 스켐이 야곱의 딸과 동침하여 이스라엘에서 추잡한 짓을 저질렀기 때문
이다. 그런 짓은 해서는 안되는 것이었다.

함께 읽을 성경: 창세기 34장 8-31절; 35-36장

● 이끎말

스켐의 디나 사건(창세 34장)

창세기 34장의 일화에 등장하는 스켐은 현재 팔레스타인 자치 정부 영토에 속하는 도시로, 수천 년의 역사를 자랑합니다. 옛 가나안의 동서남북을 잇는 교차점으로서 '족장 도로'가 스켐을 통과했습니다. 족장 도로는 아브라함, 이사악, 야곱이 다녔던 길로, 가나안의 최남단이라 할 수 있는 브에르 세바에서 북쪽으로 헤브론과 예루살렘을 거쳐 스켐까지 이어졌습니다(현재 이스라엘의 60번 도로가 이에 해당합니다). 스켐은 아브라함이 하느님의 부르심을 받고 가나안으로 왔을 때 맨 처음 제단을 쌓은 곳이기도 합니다(창세 12,5-7 참조). 이후 스켐은 북왕국 이스라엘의 첫 수도가 됩니다(1열왕 12,25 참조).

야곱은 에사우와 헤어진 뒤, 스켐 앞에 천막을 치고 그 땅을 사들입니다(창세 33,18-19 참조). 이는 창세기 23장에서 아브라함이 헤브론의 일부를 사들인 것과 같이 하느님께서 하신 가나안 땅의 약속을 실현해 나가는 과정이었습니다. 그런데 이때 사건이 터집니다. 야곱의 딸 디나가 그 고장의 여자들을 보러 나갔다가, 그곳 족장인 히위 사람 하모르의 아들 스켐에게 겁탈당하는 사건이 벌어집니다. 스켐은 디나에게 반하여 그를 아내로 맞으려고 고장 사람들과 다 같이 할례까지 받았지만, 시메온과 레위 형제는 그들에게 무자비한 폭력을 휘두르고 재산과 가축을 약탈합니다(창세 34,25-31 참조). 이 일로 야곱은 자신까지 흉측한 사람으로 몰려 가나안인들의 공격 대상이 되지 않을까 두려워하였습니다(창세 34,30 참조).

1) 장자권을 상실한 르우벤

야곱의 장남 르우벤이 훗날 장자권을 상실하여 그 권리가 그다음 아들인 시메온과 레위가 아닌 넷째 유다와 라헬의 아들 요셉에게 넘어가게 된 것도 바로 스켐 사건의 여파입니다.

르우벤이 장자권을 잃게 된 직접적인 까닭은 창세기 35장 21-22절에서 알려 줍니다(1역대 5,1-2 참조). 르우벤이 아버지의 소실 빌하와 동침한 사건입니다. 르우벤은 늙어 가는 아버지를 대신해 가부장의 권력을 차지하려고 아버지의 침소를 침범한 것으로 보입니다. 이와 비슷한 예를 성경에서 찾아볼 수 있습니다. 압살롬은 아버지 다윗을 거슬러 반역한 뒤 왕궁 옥상에 천막을 치고 아버지의 여인들을 취하였습니다(2사무 16,21-22 참조). 왕위를 두고 솔로몬과 경쟁한 아도니야 왕자는, 아버지 다윗이 죽은 뒤 아버지의 첩 아비삭을 달라고 청하며(1열왕 2,13-25 참조) 왕위에 대한 야욕을 드러냈다가 죽음을 자초하였습니다.

르우벤 역시 아버지를 상대로 가부장권 찬탈에 나섰다가 실패한 듯합니다. 그래서 르우벤이 잃은 장자권은 순서상 시메온과 레위에게 가야 했지만, 그들이 스켐에서 저지른 폭력 때문에 넷째 유다와 열한째 요셉에게 넘어간 것입니다.

2) 시메온과 레위의 죄, 그리고 기브온의 구원 사건

세상사, 누군가에게 해를 끼쳤으면 그에 대한 보상補償을 해야 하는 법입니다. 시간이 얼마나 걸리든 말입니다. 시메온과 레위가 스켐에서 벌인 폭력 사건은 오랜 세월 뒤 예기치 않은 일에서 반전을 맞습니다. 이스라엘의 이집트 탈출 뒤, 백성은 여호수아와 함께 약속의 땅 가나안으로 들어가 땅을 점령하기 시작합니다. 이때 이스라엘은 가나안족과 계약을 맺거나 통혼해서는 안 되었지만(신명 7,1-4 참조), 예외를 만들어 낸 이들이 있었으니 바로 기브온인들입니다.

기브온인들은 가나안족이지만 이스라엘과 화친하려고 낡은 신발과 해진 옷을 입고 먼 고장 사람들인 양 위장하였습니다(여호 9,4-6 참조). 이에 여호수아는 이들을 자신들에게 항복한 먼 고장 사람들로 여기고(신명 20,10-17 참조) 계약을 맺습니다(여호 9,15 참조). 사실 기브온인들이 정말 먼 고장 사람들이었다면 애초에 안전을 보장해 달라고 청해 올 필요도 없었는데(신명 20,10-17에 따르면, 가나안 바깥 성읍은 어차피 화친 제의를 받기 때문입니다), 여호수아는 순진하다 싶을 만큼 그들의 말에 넘어갑니다. 너무 어이없이 당해 버려, 기브온인들을 향한 하느님의 계획이 발동한 것은 아니었을까 하는 생각마저 듭니다.

이는 어쩌면 시메온과 레위가 스켐인들에게 가한 폭력의 보상일 수 있습니다. 여호수아기 9장 7절과 11장 19절에서 기브온인들은 히위족으로 소개되는데, 디나를 겁탈해 문제를 일으킨 스켐의 족장 아들이 바로 히위족이기 때문입니다(창세 34,2 참조). 시메온과 레위는 그 히위 족장의 아들이 디나와 혼인하고 싶어 할례까지 받았음에도 그와 그의 공동체 모두에게 폭력을 휘둘렀습니다. 이런 옛 상처를 생각하면, 나중에 기브온이 구원받은 것은 야곱의 후손들이 히위의 후손들에게 죄를 갚도록 이끄신 하느님의 손길일 수 있습니다. 아마도 이런 배경에서 하느님께서는 기브온인들을 이스라엘의 한가운데, 당신 제단에서 섬기는 이들이 되도록 이끄셨을 것입니다(여호 9,27 참조).

라헬과 이사악의 죽음(창세 35장)

창세기 35장에서는 야곱이 베텔로 돌아와 자신의 서원(창세 28,20-22 참조) 대로 행한 일, 라헬이 죽고 벤야민이 태어난 일, 이사악의 죽음 등을 보고합니다. 야곱은 귀향한 뒤 베텔에서 자신이 한 서원을 지킵니다. 베텔에 제단을 쌓고, 식솔들에게는 낯선 신들을 모두 버리게 했습니다(창세 35,2.4.7 참조). 그러다가 바로 다음 대목에서 라헬이 난산 끝에 세상을 떠나게 됩니다. 라헬은 오랜 기다림 끝에 요셉을 낳고 주님께서 아이 없는 자신에게 아들을 주시어 수치를 '없애 주셨다'고 기뻐했습니다(창세 30,22-24 참조). 그러면서 아들 하나를 '더 점지해 주시기'를 기원했습니다. 소원대로 라헬은 야곱과 함께 가나안에 들어온 뒤 막내 벤야민을 낳게 됐지만(창세 35,16-18 참조), 아버지 집안의 수호신을 훔친 사건에서 야곱이 무심코 한 말이 씨가 된 듯 세상을 떠나게 됩니다.

심한 산고를 겪으면서 라헬은 아이의 이름을 '벤 오니בן אוני'라 하였으나 야곱이 '벤야민בנימין'으로 바꿔 붙였습니다(창세 35,18 참조). '벤 오니'는 '내 고난의 아들'이라는 뜻으로 라헬을 죽게 한 산고를 반영한 이름입니다. 그에 비해 '벤야민'은 '내 오른손의 아들'이라는 의미여서 야곱이 막내에게 좀 더 상서로운 이름을 붙여 주려 했음을 알 수 있습니다. 성경에서 오른쪽은 기민함, 힘, 방어 등을 상징합니다. 또한 '야민ימין'은 성서 히브리어로 '남쪽'이라는 뜻도 지녀 벤야민이 형들과 달리 남쪽에 자리한 베들레헴 근처에서 태어났음을 암시하기도 합니다(창세 35,16-19 참조). 그의 형들은 모두 하란에 있는 라반의 집에서 태어났고, 벤야민만 가나안에서 태어난 것입니다. 또는 '야민'을 히브리어 '야밈(ימים 날들)'과 같은 단어로 보아 '세월의 아들', 곧 늦둥이를 뜻하는 이름으로 풀이할 수도 있습니다(창세 44,20 참조).

야곱은 라헬이 죽자 베들레헴으로 가는 길가에 묻습니다(창세 35,19 참조).

벤야민의 탄생과 라헬의 죽음(부분), 작자 미상, 17세기, 웰컴 컬렉션, 런던, 영국.

가족 묘지인 막펠라 동굴에 묻지 않은 점이 의문을 자아내지만 라헬은 베들레헴 길목에 묻힘으로써 훗날 베들레헴에서 태어날 메시아를 미리 보호하고 준비한 듯한 인상을 줍니다. 실제로 라헬은 이스라엘 백성에게 민족의 어머니로 여겨졌는데 이런 내용은 예레미야서의 다음 구절에도 반영되어 있습니다. "라마에서 소리가 들린다. 비통한 울음소리와 통곡 소리가 들려온다. 라헬이 자식들을 잃고 운다. 자식들이 없으니 위로도 마다한다."(예레 31,15). 이 구절은 훗날 헤로데가 아기 예수님을 죽이려 베들레헴의 사내아이들을 학살한 사건과 관련하여 마태오 복음서 2장 18절에 다시 인용됩니다.

예레미야서의 이 구절은 기원전 587-586년 바빌론이 남왕국 유다를 정복한 뒤 백성을 바빌론으로 유배 보낸 사건과 관련된 신탁입니다. 기원전 722년에는 북왕국 백성이 아시리아로 유배당한 일(2열왕 17,6 참조)도 있었습니다. 라헬이 낳은 요셉의 후손(므나쎄, 에프라임 지파)은 북왕국에 속했고, 벤야민 지파는 남북 왕국의 경계에 영토가 있었기에 다수가 남왕국에 흡수되었습니다(1열왕 12,20-21 참조). 이에 남북 왕국 모두와 관련된 라헬이 민족의 어머니로 등장한 것입니다. 라헬의 통곡은 민족의 존립이 위태롭게 된 이스라엘의 통곡을 상징합니다. 라헬이 "위로도 마다한다"는 표현은 요셉의 죽음을 전해 듣고 위로받기를 거부한 야곱(창세 37,35 참조)을 떠올리게 합니다. 하지만 요셉이 죽지 않고 돌아왔듯이 예레미야서에서도 라헬에게 비슷한 희망을 약속합니다. "네 울음소리를 그치고 네 눈에서 눈물을 거두어라. 네 노고가 보상을 받아 그들이 원수의 땅에서 돌아올 것이다."(예레 31,16).

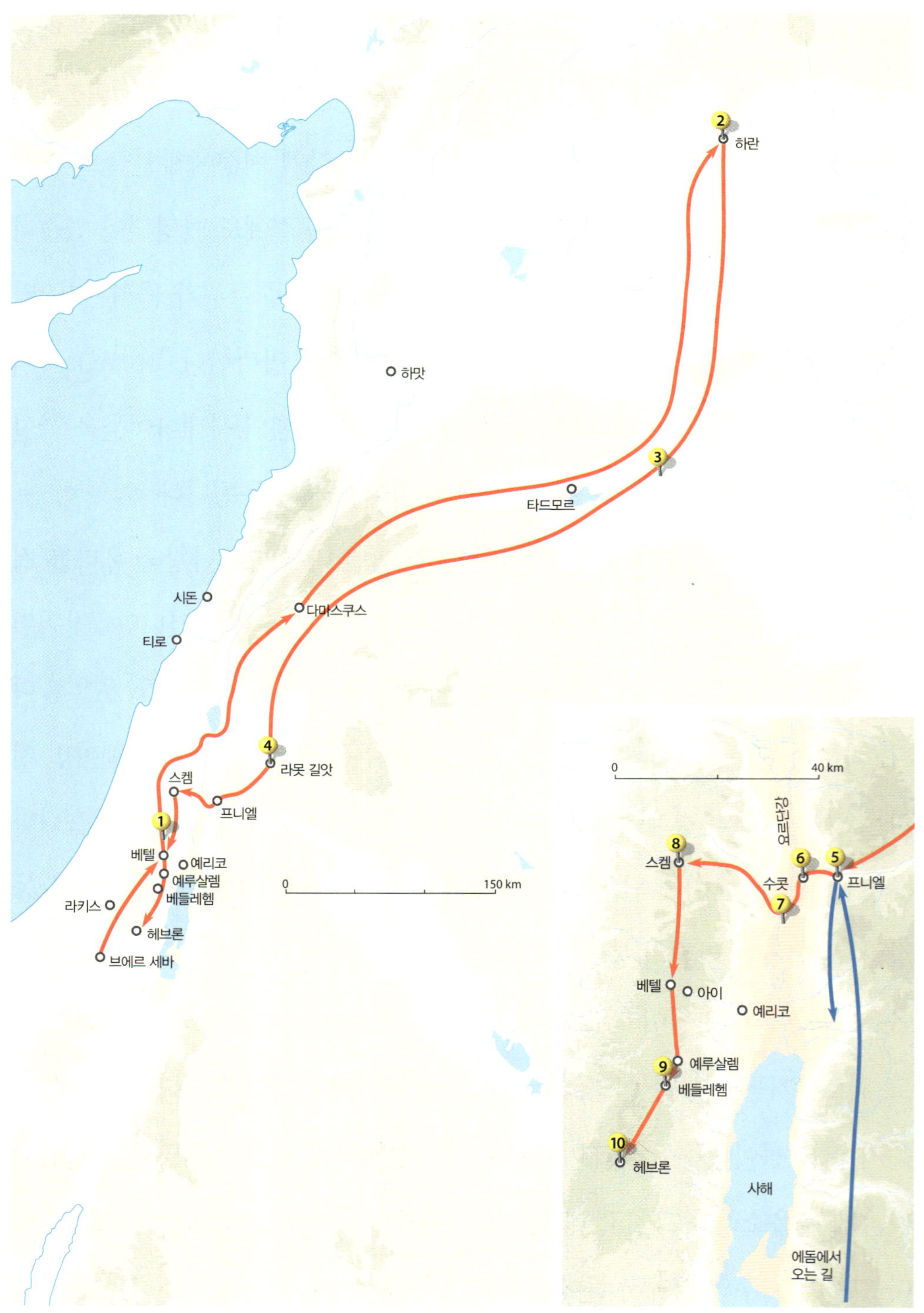

2
하란
하맛
3
타드모르
시돈
티로
다마스쿠스
4
라못 길앗
스켐
프니엘
1
베텔
예리코
예루살렘
베들레헴
라키스
헤브론
브에르 세바
0
150 km
0
40 km
요르단강
8
스켐
6
5
수콧
프니엘
7
베텔
아이
예리코
9
예루살렘
베들레헴
10
헤브론
사해
에돔에서
오는 길

야곱의 인생 여정

1. 야곱은 형 에사우를 피해 도망치다 베텔에서 밤을 지내게 된다. 그곳에서 하늘까지 닿은 층계 꿈을 꾼다(창세 28,10-22 참조).
2. 야곱은 베텔을 떠나 북쪽으로 발걸음을 옮겨 하란으로 간다. 그곳에서 야곱은 외숙 라반의 딸들과 혼인하는데, 라헬을 사랑했음에도 라반의 꾐에 넘어가 먼저 언니 레아와 혼인을 해야 했다(창세 29-30장 참조). 야곱은 하란에서 이십여 년 머물며 장인이자 외숙인 라반의 목자로 살았다.
3. 라반의 속박이 극에 치닫자 마침내 야곱은 남쪽 가나안 땅으로 달아난다(창세 31,17-21 참조).
4. 라반은 야곱을 뒤쫓아 길앗 산악 지방에서 따라잡는다. 라반과 야곱은 갈엣이라는 이름의 돌무더기를 증거물로 삼아 평화의 계약을 맺는다(창세 31,22-54 참조).
5. 라반과 화해한 야곱은 이제 형 에사우와의 대면을 준비해야 했다. 야곱은 마하나임을 향해 가던 길에 야뽁 건널목에서 하느님과 마주친다. 하느님께서 야곱에게 '이스라엘'이라는 새 이름을 약속하시는데 이는 야곱의 자손들과 그 나라에 내리는 이름이었다(창세 32장 참조). 야곱은 그곳을 프니엘이라 부른다.
6. 그 후 야곱은 요르단강을 건너 에사우를 만나 화해한다(창세 32-33장 참조).
7. 야곱은 가나안 땅으로 돌아와서 맨 처음 수콧에 살 집을 짓는다(창세 33,17 참조).
8. 그러고 나서 야곱은 자식들을 데리고 스켐 성읍에 다다른다. 스켐에서 야곱의 딸 디나가 그곳의 족장 하모르의 아들 스켐에게 겁탈을 당한다. 야곱의 두 아들인 시메온과 레위는 이를 복수하기 위해 그 성읍 남자들을 모조리 죽인다. 야곱은 베텔로 돌아간다(창세 34,25-29 참조).
9. 라헬은 죽어 베들레헴으로 가는 길가에 묻힌다(창세 35,19 참조).
10. 마침내 야곱은 아버지 이사악이 나그네살이하던 헤브론으로 돌아온다(참조: 창세 35,27-29; 37,1-2).

야곱의 가나안 여행, 루카 조르다노, 1687년경, 프라도 미술관, 마드리드, 스페인.

출생 순서	아들(딸)	어머니	어머니 신분	창세기 장절 (탄생 / 야곱의 유언)
1	르우벤Reuben	레아Leah	아내	29,32 / 49,3-4
2	시메온Simeon			29,33 / 49,5-7
3	레위Levi			29,34 / 49,5-7
4	유다Judah			29,35 / 49,8-12
5	단Dan	빌하Bilhah	라헬의 여종	30,6 / 49,16-18
6	납탈리Naphtali			30,8 / 49,21
7	가드Gad	질파Zilpah	레아의 여종	30,11 / 49,19
8	아세르Asher			30,13 / 49,20
9	이사카르Issachar	레아Leah	아내	30,18 / 49,14-15
10	즈불룬Zebulun			30,20 / 49,13
(11)	디나Dinah			30,21
11(12)	요셉Joseph	라헬Rachel	아내	30,24 / 49,22-26
12(13)	벤야민Benjamin			35,18 / 49,27

야곱의 네 아내와 열두 아들(출생 순서 기준)

에사우의 후손에게 일어난 반전(창세 36장)

창세기 36장은 에사우와 그의 후손 에돔의 족보, 그리고 그들에게 일어난 일을 간략히 보고합니다. 창세기 36장 8-9절에 언급된 '세이르 산악 지방'은 대표적인 에돔의 영토입니다(창세 32,4 참조). 세이르שעיר는 성경에서 에돔의 별칭으로 자주 등장하는데(참조: 민수 24,18; 에제 35,15 등), 털이 많은(싸이르) 에사우

세이르 산악 지역의 와디 엘 코르, 데이비드 로버츠(원화 스케치), 루이 아그(석판화 제작), 1842-1849년, 클리블랜드 미술관, 클리블랜드, 미국. 세이르산은 에사우와 그의 후손들, 즉 에돔족이 정착한 땅으로(창세 36,8 참조), 성경에서 '세이르'는 종종 '에돔'과 동일시된다.

가 '세이르' 곧 '쎄이르' 산악 지방에 정착하게 된 점이 흥미롭습니다. 본래 가나안에 살던 에사우(창세 36,5 참조)는 재산이 너무 많아져 야곱과 함께 살기에는 땅이 비좁아 그곳으로 이주했습니다(창세 36,6-8 참조).

야곱은 고난 속에서 자신의 죄를 돌아보며 성장하여 '이스라엘'이라는 새 이름으로 다시 태어났고 그에게서 이스라엘 민족이 탄생했습니다. 에사우는 어떻게 되었을까요? 사실 에사우는 아우에게 아버지의 축복을 빼앗긴 뒤 오랫동안 앙심을 풀지 않았습니다(창세 27,41 참조). 그의 원한은 야뽁강에서 동생을 재회하였을 때 사라진 듯 보였지만(창세 33,4 참조) 은연중에 자자손손 이어져 에돔의 적개심으로 표출되었습니다. 이사악이 야곱에게 내린 축복처럼, **에돔은 선둥이답게 왕국은 먼저** 세웠으나 오랫동안 **이스라엘을 이기지 못했습니다**(참조: 창세 27,29; 36,31). 그러다 기원전 6세기 유다 왕국이 바빌론에 멸망하자 에돔은 오랜 앙금을 담아 유다에게 복수했고(참조: 시편

죄 없는 아기들을 학살하라고 명한 헤로데 임금(부분),
조토 디 본도네, 1304–1306년경, 스크로베니 경당, 파도바, 이탈리아.

137,7; 에제 35,5), 마침내 이사악이 에사우에게 한 창세기 27장 40절의 예고처럼 자신들의 목에서 이스라엘의 멍에를 떨쳐 낼 수 있었습니다.

그런데 역사는 한 번 더 드라마처럼 반전을 보여 줍니다. 이스라엘의 바빌론 유배 이후 제2성전기 말기에, **에돔 곧 이두매아 출신인 헤로데가 유다의 임금 자리에** 올랐기 때문입니다. 물론 이는 당시 이스라엘을 지배하던 로마 제국의 힘이 있었기에 가능한 일이었지만 이로써 에사우는 동생에게 지배당하던 과거의 역사를 묘하게 설욕한 셈이 되었습니다. 그래서 인생은 끝까지 살아 봐야 안다고 하나 봅니다.

● 묵상

1. 아픈 과거를 제대로 마주하고 해결해야 비로소 새로운 미래를 꿈꿀 수 있습니다. 창세기 34장과 여호수아기 9장의 이야기는 상처받은 이들의 마음을 끝까지 헤아려 주시고 해결의 실마리를 찾아 주시는 하느님의 손길을 보여 줍니다. 피해자는 가해자의 진심 어린 사과를 받기 전까지는 그 상처를 잊을 수 없습니다. 반면 가해자는 자신이 준 상처를 기억조차 못 하거나 어쩔 수 없었다고 변명하기 일쑤입니다. 비록 의도하지 않았더라도 누군가에게 상처를 준 적은 없었는지 돌아보며, 늘 깨어 있는 마음으로 자신을 성찰하고 경계해야겠습니다.

2. '말이 씨가 된다.'는 속담이 있습니다. 장인의 수호신이 도난당한 일을 두고 자신의 결백을 강하게 주장하던 야곱의 말은 뜻하지 않게 가장 사랑하는 아내 라헬의 목숨을 앗아 가는 비극의 씨앗이 되었습니다. 말이 씨가 되었다는 것은, 라헬이 야곱의 그 말을 마음에 담아 두고 있었다는 의미이기도 합니다. 이를 생각하면 우리는 처음부터 결과를 헤아려 행동하고 항상 말을 조심해야 하지만 그렇다고 그 말에 너무 얽매여 정말로 말이 씨가 되게 하기보다는 적당히 마음에서 놓아주는 지혜도 필요할 것입니다. 내가 무심코 내뱉은 말이 나 자신이나 다른 이에게 상처나 부담이 되었던 경험이 있나요? 그때 어떻게 그 말을 마음에서 놓아주었나요?

3. 인생은 '끝까지 살아 봐야 안다'고들 합니다. 살면서 힘든 일을 겪거나 예기치 못한 장애물에 부딪혔을 때 우리는 세상이 끝난 듯한 깊은 좌절감에 빠지기도 합니다. 하지만 에사우와 그의 후손인 에돔에게 일어난 일은 우리 인생이 '새옹지마'와 같음을 일깨워 줍니다. 좋은 일이 생겼다고 자만할 필요도 실패를 경험했다고 낙심할 필요도 없다는 것입니다. 내리막길이 있으면 오르막길도 있는 법입니다. 나는 어떤 마음가짐으로 하루하루를 살아가고 있는지 돌아봅시다.

라헬의 무덤(에프라임 모셰 릴리엔)

제10과

창세 37-38장

요셉과 그 가족 이야기의 시작

형들에게 꿈 이야기를 하는 요셉(부분), 제임스 티소, 1896-1902년경, 유다인 박물관, 뉴욕, 미국

● 말씀: 창세기 37장 10-14절

37 **10**이렇게 그가 아버지와 형들에게 이야기하자, 그의 아버지가 그
를 꾸짖어 말하였다. "네가 꾸었다는 그 꿈이 대체 무엇이냐? 그래, 나와 네
어머니와 네 형들이 너에게 나아가 땅에 엎드려 큰절을 해야 한단 말이냐?"
11형들은 그를 시기하였지만, 그의 아버지는 이 일을 마음에 간직하였다.
12그의 형들이 아버지의 양 떼에게 풀을 뜯기러 스켐 근처로 갔을 때, **13**이
스라엘이 요셉에게 말하였다. "네 형들이 스켐 근처에서 양 떼에게 풀을 뜯
기고 있지 않느냐? 자, 내가 너를 형들에게 보내야겠다." 요셉이 "그러십시
오." 하고 대답하자, **14**이스라엘이 그에게 말하였다. "가서 네 형들이 잘 있
는지, 양들도 잘 있는지 보고 나에게 소식을 가져오너라." 이렇게 해서 그는
요셉을 헤브론 골짜기에서 떠나보냈다. 요셉이 스켐에 도착하였다.

함께 읽을 성경: 창세기 37장 1-9.15-36절; 38장

이끎말

창세기 37-50장에서는 외숙 라반의 집에서 탈출하여 가나안에 정착해 살던 야곱의 집안이 이집트로 내려가게 된 사연을 들려줍니다. 가나안에 기근이 들면 아브라함과 이사악도 다른 지역으로 피신하곤 했습니다. 이집트가 자주 선택되었는데(창세 12,10-20 등 참조), 아마 그곳에는 나일강이 있어 풍요로웠기 때문일 것입니다.

그런데 야곱이 이집트로 가게 된(창세 46장 참조) 계기는 매우 인간적입니다. 요셉에 대한 그의 편애와 다른 아들들의 질투, 열일곱 살이나 된 요셉의 고자질(창세 37,2 참조), 철없는 꿈 자랑 등이 요셉을 이집트로 팔려 가게 한 비극을 불러왔기 때문입니다. 하지만 결국 야곱의 집안은 그 일로 가나안의 기근을 무사히 넘깁니다.

요셉이 이집트에서 홀로 보낸 세월은 이십 년이 넘습니다. 우여곡절 끝에 그는 재상 자리까지 오르지만, 이는 야곱이 에사우를 피하여 달아난 기간과 비슷합니다. 형제의 반감을 사서 타향살이한 배경이나, 타향에 있으면서 머슴살이 혹은 종살이를 한 점, 그리고 그것을 계기로 성숙하게 변화한다는 점에서 부자가 닮았습니다. 더구나 요셉은 하느님의 현현을 직접 경험하지 않고도 긍정적으로 변모하였으니, 이는 **하느님의 손길이 표면적으로 드러나지 않는 상황에서도 인간은 주님의 모습대로 창조된 존재답게 성장 가능성을 지녔음**을 보여 준 예입니다.

꿈에서 드러난 요셉의 야망(창세 37장)

창세기 37장에 따르면, 요셉에게는 어릴 때부터 형들 위에 군림하고픈 야망이 있었던 듯합니다. 아버지 야곱이 형 에사우를 제치고 장자권을 갈망해 끝내 차지하였듯이 말입니다. 이는 요셉이 꾼 두 차례의 꿈(창세 37,5-11 참조)에서 짐작할 수 있습니다. 그런데 두 번째 꿈에서는 형들만이 아니라 부모도 요셉에게 고개를 숙이니(창세 37,9-10 참조), 이쯤 되면 아버지의 야망을 넘어선 빙한어수(氷寒於水 얼음이 물에서 나왔지만 물보다 더 차갑다는 뜻)라 하겠습니다.

요셉의 꿈에서 야망을 알아본 형들은 당연히 기분 나빴겠지요. 가뜩이나 라헬의 아들이라는 이유로 아버지가 요셉을 편애하는데 말입니다. 이는 야곱을 편애했던 어머니 레베카의 모습을 떠올리게 합니다. 그래도 아버지 심부름으로 양들을 방목하는 형들을 살피러 요셉이 헤브론에서(창세 35,27의 "마므레 곧 키르얏 아르바"; 창세 37,14의 "헤브론 골짜기" 참조) 스켐까지 찾아 나선 여정에서는 그의 근성이 엿보입니다(창세 37,12-14 가운데 특히 14절 참조). 닷새나 걸리는 먼 길을 혼자 끈질기게 갑니다. 이런 근성이 그가 이집트에서 홀로 이십여 년 버티는 데 도움이 되었을 테지만, 그는 형들의 감정에는 둔감했습니다. 오죽하면 형들을 감시하러 가는 길이면서도(창세 37,2.14 참조) '긴 저고리'(창세 37,3.23)를 입고 나타났을까요? 결국 편애의 상징인 저고리는 벗겨지고 요셉은 팔려 갑니다(창세 37,23.28 참조). 형들은 그를 곧장 죽이려 하였지만, 르우벤과 유다가 이를 말려 결국 그를 미디안 상인들에게 넘긴 것입니다.

요셉의 긴 저고리와 그의 형제들(창세 37장, 부분), 야코브 하야트, 2014년경, 개인 소장.

요셉을 이집트로 데리고 간 미디안 상인들이 같은 구절에 이스마엘인들로도 나와 의문이 들 수 있지만, 이스마엘인은 아브라함과 하가르의 후손이고(창세 16장 참조), 미디안인은 아브라함과 크투라의 후손이므로(창세 25장 참조) 친척 관계입니다. 더구나 둘 다 유목민이라 함께 뭉뚱그려 칭하는 경우가 있었던 듯합니다. 미디안인을 이스마엘인과 혼용한 예는 판관기 8장 22-24절에도 나옵니다. 형들은 요셉을 팔아넘긴 뒤, 염소 피를 아우의 옷에 묻혀 그가 죽은 것처럼 꾸며 아버지를 속입니다(창세 37,31-32 참조). 야곱은 역설적이게도 자신이 과거에 형의 '옷'을 입고 '염소' 고기를 바쳐 아버지 이사악을 속였듯이(창세 27,1-29 참조), 같은 방법으로 자신의 아들들에게 속은 것입니다.

유다와 타마르(창세 38장)

그런데 이어지는 창세기 38장에서는 앞 장에서 시작된 요셉과 그의 가족 이야기와 다르게, 갑자기 유다와 그의 며느리 타마르 이야기로 접어듭니다. 언뜻 앞 장과 전혀 관계없는 내용이 펼쳐지는 듯하지만, 이 대목은 창세기 43-44장에서 유다가 막내아우 벤야민을 구하기 위해 이집트 재상 요셉 앞에서 희생을 자청한 배경을 미리 설명하는 것이라 할 수 있습니다. 그 자신이 이미 두 아들을 잃은 경험이 있어(창세 38,7.9-10 참조), 아버지 야곱이 막내 벤야민까지 잃으면 어떤 고통을 겪을지 헤아린 까닭이라고 말입니다.

사실 야곱의 아들들 가운데 가장 많이 성장하고 변화한 모습을 보인 이는 요셉과 유다입니다. 요셉의 변모 과정은 이후 차차 구체적으로 펼쳐지겠지만, 창세기 38장에서는 유다가 과부 며느리 타마르에 대한 자신의 잘못을 솔직하게 인정하는 모습을 보여 줍니다(창세 38,26 참조). 이렇게 책임지는 그의 모습이 막내아우 벤야민을 구하는 과정에서도 이어집니다. 야곱의 아들들 가운데 가장 크게 성장하고 변화한 유다와 요셉은 이후 이스라엘의 남북 왕국을 다스리는 왕실의 조상이 됩니다. 창세기 38장은 유다 집안에서 장차 나올 다윗 임금을 예비하는 역할도 합니다. 29절에서 언급되는 유다의 아들 페레츠가 다윗의 계보로 이어지기 때문입니다(참조: 룻 4,18-22; 마태 1,3-6).

창세기 38장에서 유다의 며느리로 등장하는 타마르는 가나안 여인입니다. 유다도 가나안 여인을 아내로 맞았습니다. 이스라엘의 직계 조상이 되는 야곱의 열두 아들은 모두 가나안 여인과 혼인하였습니다. 아브라함과 이사악은 며느릿감을 고향에서 찾았지만, 야곱이 그랬다는 보고는 성경에 없습니다. 유다의 아내는 '수아'라는 이름을 지닌 가나안인의 딸이었습니다(창세 38,2 참조). 이후 며느리로 들이는 타마르도 별다른 설명이 없는 것으로 보아(창세 38,6 참조), 가나안 출신으로 추정됩니다. 이를 고려하면 예언자 에제키엘이 "혈통과 태생으로 말하자면, 너(이스라엘)는 가나안 땅 출신이다. 너의 아버지는 아모리 남자고 너의 어머니는 히타이트 여자다."(에제 16,3)라는 신탁을 전달한 이유도 이해됩니다. 그런데 **유다가 며느리 타마르에게 아이를** 얻고, 그 아이가 이후 **다윗의 조상**이 된다는 창세기 38장의 전개는 우리에게 의문거리가 되어 왔습니다.

사연은 이렇습니다. 옛 이스라엘에는 **수숙혼**嫂叔婚 제도가 있었는데, 어떤 이가 자손 없이 세상을 떠나면 그의 형제가 고인의 아내와 혼인해 고인의 이름을 대신 이어 주는 관습입니다(신명 25,5-6 참조). 타마르는 유다의 맏이 에르의 아내였지만, 남편이 자식 없이 죽자 시동생 오난과 재혼합니다. 하지만 오난은 형의 후손을 보게 됨을 알고 남편의 의무를 제대로 수행하지 않았고, 결국 그도 자식 없이 세상을 떠납니다. 유다는 막내아들 셀라마저 잃을까 두려워했던 듯 타마르를 친정으로 보냅니다. 그래서 타마르는 여전히 유다의 며느리이므로 재혼의 자유가 없고 경제적 능력도 딱히 없어, 살아도 죽은 듯이 지내야 했을 터입니다.

그런데 셀라가 장성한 뒤에도 자신을 아내로 데려가 주지 않자 타마르는 꾀를 냅니다. 창녀로 분장하고 시아버지와 동침해 자식을 얻은 것입니다. 사실 레위기 18장 15절의 율법을 고려하면 이는 이스라엘에서 금지된 일이었지만, 타마르는 가나안 여자였습니다. 당시 고대 근동의 관습을 보여 주는 히타이트 법전(기원전 14-13세기)에 따르면, 과부가 된 형수나 제수는 시형제가 거두어야 했고, 그마저 없으면 시부가 거두어야 했습니다(193항). 이런 조치로 가부장제 사회에서 약자인 과부를 보호할 수 있었겠지요. 타마르는 **전혀 보호받지 못하는 처지가 되자 스스로 살길을 도모**한 것입니다. 이후 유다도 자초지종을 알게 된 뒤 타마르가 옳다고 인정합니다(창세 38,26 참조). 이런 특이한 사연 속에 탄생한 유다의 아들 **페레츠**(창세 38,29 참조)가 **다윗의 조상**이 됩니다.

성경에서는 약자인 과부가 혼자 힘으로 살길을 찾아 나선 용기를 높이 산 듯합니다. 그래서 타마르는 가나안 여인임에도, 비슷한 진취성을 보인 예리코 창녀 **라합**(마태 1,5 참조)과 더불어 예수님의 족보에 이름을 올리게 됩니다(마태 1,3 참조). 라합은 **주님**이라는 신이 이집트에서 노예로 지내던 한 집단을 구해 내셨다는 소식을 접하고, 비참한 창녀의 삶에서 벗어나고자 구원을 꿈꾼 여인입니다. 그래서 이스라엘의 예리코 정복 당시 이스라엘의 편에 서는 일생일대의 선택을 한 바 있습니다(여호 2장 참조). 곧 두 여인 모두, '하늘은 스스로 돕는 자를 돕는다.'는 속담을 삶으로 증명한 이들입니다. 이를 고려하면 창세기 38장은 유다의 변모 과정을 설명하는 역할도 하지만, 과부나 창녀와 같은 약자들도 보듬으시며 부족한 이 세상의 사람들을 성화의 길로 이끄시는 하느님의 손길을 드러내 주는 예라고 하겠습니다.

요셉 시대의 이집트

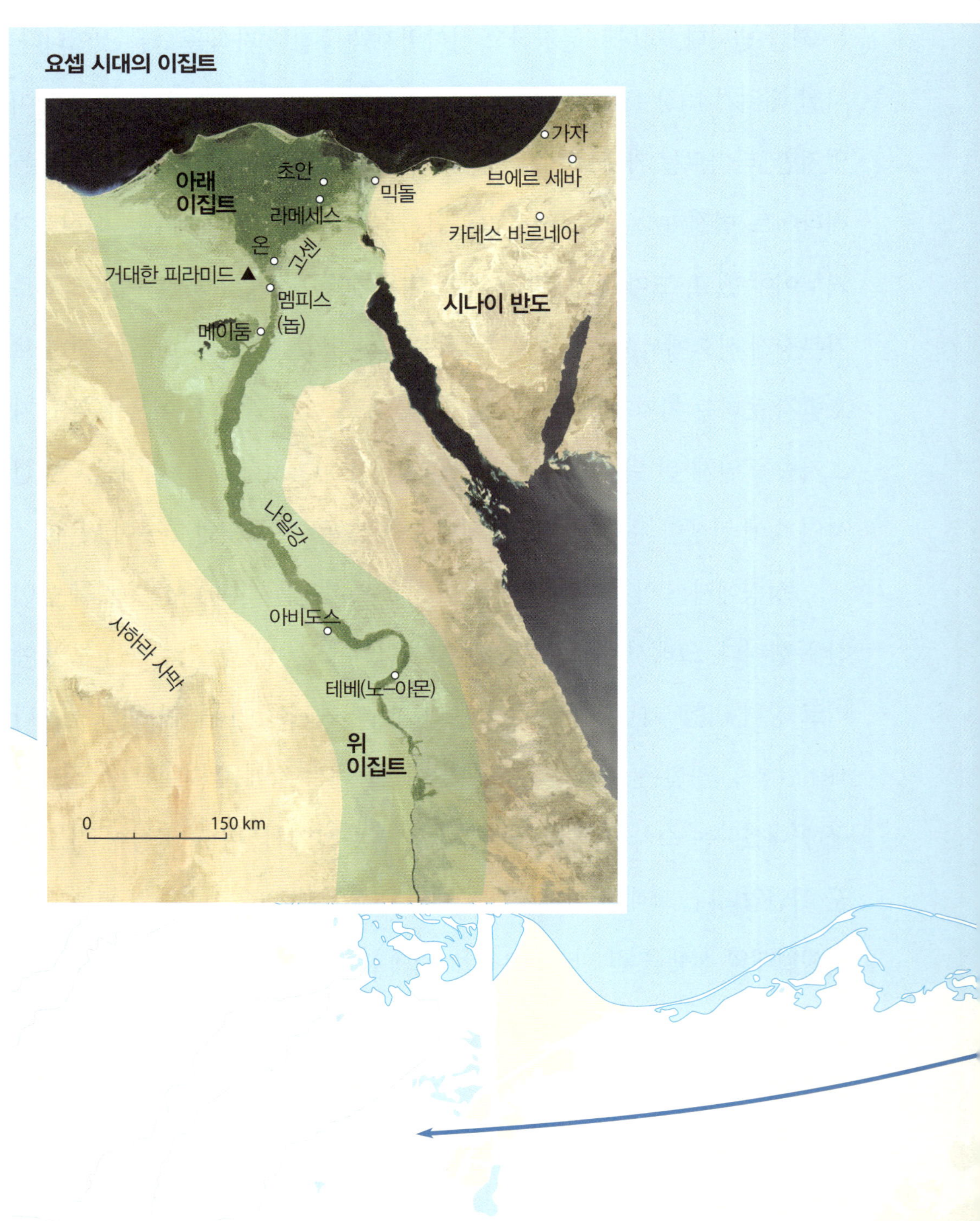

가자
브에르 세바
초안
아래
이집트
믹돌
라메세스
카데스 바르네아
온
고센
거대한 피라미드
멤피스
(놉)
시나이 반도
메이둠
나일강
아비도스
사하라 사막
테베(노-아몬)
위
이집트
0
150 km

이집트로 팔려간 요셉

❶ 요셉은 자신이 살던 헤브론에서 양 떼에게 풀을 뜯기고 있는 형들을 찾아보도록 북쪽으로 보내진다(창세 37,12-14 참조).

❷ 요셉은 스켐에 도착해 형들이 도탄으로 갔음을 안다(창세 37,15-17 참조).

❸ 요셉이 도탄에서 형들을 찾아내자 형들은 그를 구덩이에 던지고 미디안 상인들에게 팔아넘긴다. 미디안 상인들은 길앗에서 오던 길이었다(창세 37,23-28 참조).

❹ 미디안 상인들(이스마엘인들)은 요셉을 이집트로 데리고 간다. 도탄은 이즈르엘 골짜기에서 사론평야로 향하는 남쪽 주 도로에 자리해 있다. 요셉은 잘 닦인 교역로를 따라서 이집트로 팔려 갔다.

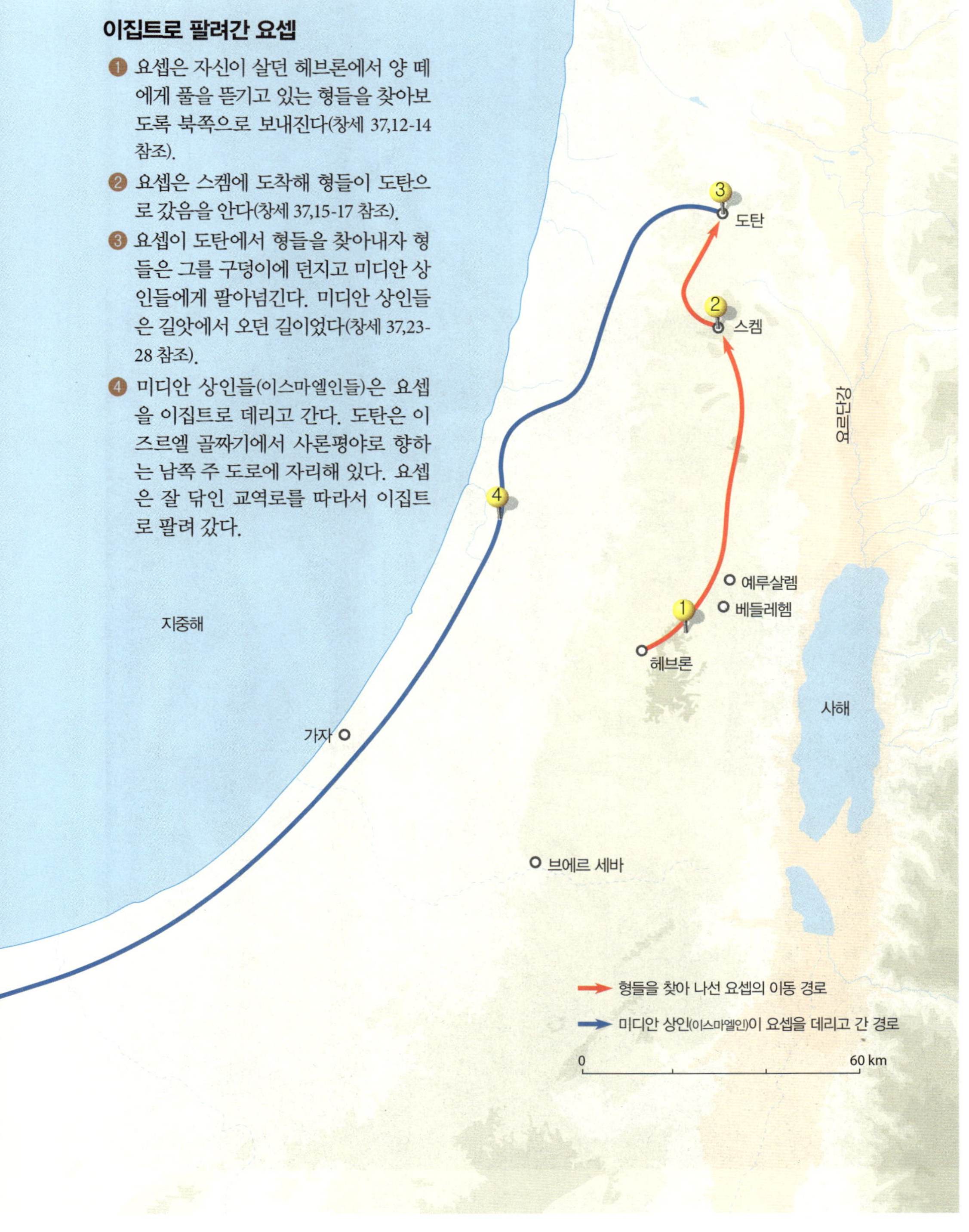

유다와 타마르, 오라스 베르네, 1840년, 월리스 컬렉션, 런던, 영국.

● 묵상

1. 우리는 미사 때마다 가슴을 치며 "제 탓이요, 제 탓이요." 하고 참회 기도를 합니다. 야곱 또한 삶의 마지막 순간에 이르러 비슷한 결론을 내렸을 듯합니다. 특히 자신이 편애한 요셉에게 일어난 일과 그 때문에 스스로가 겪게 된 오랜 괴로움을 생각하면서 말입니다. "지금 내가 외로운 것은 지난날 덕행이 부족했기 때문이고, 나를 미워하는 이가 있다면 누군가를 업신여겼기 때문이다."라는 말이 있습니다. 현재의 고통이 내 과거의 언행에서 비롯되었음을 깨닫고, 밝은 내일을 위해 좋은 씨앗을 심어야 한다는 뜻입니다. 하지만 성경은 여기서 한 걸음 더 나아가 이런 가르침을 줍니다. 우리의 씨앗이 건강하지 못해 뒤틀린 나무로 자라게 되더라도, 세상의 조물주께서 비를 주시고 햇볕을 쬐게 하시어 최선의 열매를 맺을 수 있도록 협력자가 되어 주신다는 것입니다. 야곱과 이후 요셉에게 일어난 일이 바로 그 예라고 하겠습니다. 나의 잘못이나 부족함으로 시작된 일이었지만, 마침내 하느님의 은총으로 선하게 마무리되었던 경험이 있나요?

2. '남의 눈에 눈물 나게 하면 제 눈에는 피가 난다.'라는 속담은 공감과 연대의 중요성을 일깨워 줍니다. 요셉은 아버지의 사랑을 독차지하는 데 익숙한 나머지, 차별받는 형들의 소외감과 아픔에 무감각했습니다. 그들과 공감하고 연대하지 못했기에, 가족 공동체는 파국을 맞았고 고통의 씨앗이

된 요셉은 울타리 밖으로 밀려났습니다. 그가 머나먼 타향에서 고된 성찰의 시간을 보낸 뒤에야 비로소 가족은 재결합에 성공할 수 있었습니다. 이는 우리 역시 가정과 사회 공동체를 바로 세우려면, 우리 안에 존재하는 차별과 불평등의 문제를 외면하지 말고 깊이 성찰해야 함을 일깨워 줍니다. 내가 속한 공동체(가정, 직장, 본당)의 화합을 위해, 지금 내가 먼저 공감하고 연대해야 할 이웃은 누구인지 생각해 봅시다.

3. '이해하지 못하면 오해하게 된다.'라는 말이 있습니다. 유다와 타마르의 이야기는 자칫 오해하기 쉬운 대목입니다. 고대 가나안의 수숙혼嫂叔婚 관습을 이해하지 못하면, 며느리 타마르의 행동을 받아들이기 어렵기 때문입니다. 오늘날 우리는 서로 다른 역사와 문화를 지닌 수많은 민족과 더불어 살아가고 있습니다. 우리 곁에는 이미 많은 다문화 이웃이 함께하고 있습니다. 혹시라도 그들의 다양성을 존중하지 않고 우리의 잣대만 강요하며, 조금만 달라도 '틀렸다'고 단정하며 배척하지는 않았는지 늘 성찰하고 경계해야 하겠습니다. 나와 다른 문화적 배경을 가진 이웃을 대할 때, '나의 기준'으로 판단하여 불편하게 만들었던 적은 없었나요?

구덩이에 던져졌던 요셉(제임스 티소)

제11과

창세 39-41장

요셉의 종살이와 감옥살이

감옥에서 꿈을 풀이하는 요셉(부분), 요셉 이야기의 대가, 1490년경 메트로폴리탄 미술관, 뉴욕, 미국.

● **말씀: 창세기 40장 9.12-15절**

40 **9**헌작 시종장이 요셉에게 자기의 꿈 이야기를 들려주었다. “내가 꿈에 보니, 내 앞에 포도나무 한 그루가 있었네.” **12**그러자 요셉이 그에게 말하였다. “꿈풀이는 이렇습니다. 가지 셋은 사흘을 뜻합니다. **13**이제 사흘이 지나면, 파라오께서는 나리를 불러올려 복직시켜 주실 것입니다. 그러면 나리께서는 전에 헌작 시종으로서 하시던 법대로 파라오의 손에 술잔을 올리시게 될 것입니다. **14**그러니 나리께서 잘되시면, 저를 기억해 주시기 바랍니다. 저에게 은혜를 베푸셔서 파라오께 저의 사정을 아뢰시어, 저를 이 집에서 풀려나게 해 주시기를 빕니다. **15**사실 저는 히브리인들의 땅에서 붙들려 왔습니다. 그리고 여기서도 저는 이런 구덩이에 들어올 일은 아무것도 한 적이 없습니다.”

함께 읽을 성경: 창세기 39장; 40장 1-8.10-11.16-23절; 41장

● 이끎말

시련 속 믿음과 성장(창세 39장)

창세기 39장부터는 요셉의 이야기로 다시 돌아옵니다. 이집트에 종으로 팔려 간 요셉은 파라오의 내신 포티파르의 집으로 가게 됩니다. 이렇게 시작된 요셉의 종살이는 하느님께서 아브라함에게 미리 알리신 이집트 종살이(창세 15,13 참조)의 예고편이 됩니다.

요셉은 주님께서 함께하신 덕분에 포티파르의 수행원이자 재산을 총괄 관리하는 자리까지 오르지만(창세 39,4 참조) 포티파르 아내의 유혹으로 궁지에 몰립니다. 이 일로 결국 요셉은 투옥되지만 이 사건을 계기로 그는 고향에서 보여 주었던 철없고 자기중심적인 성향에서

요셉과 포티파르의 아내(부분), 리오넬로 스파다, 1615–1620년경, 릴 미술관, 릴, 프랑스.

벗어났음을 알려 줍니다. 특히 포티파르의 아내가 노예로서는 거절하기 힘든 대가를 약속하거나 위협했을 가능성을 고려하면, 그 유혹을 단호하게 뿌리쳤다는 점에서 그가 매우 도덕적이고 고결하게 성장했음을 짐작할 수 있습니다.

다른 이도 아닌 **친형들의 음모로 인해 이방 땅에서 종살이와 옥살이를 하게 된 와중에도 그가 강직하게 성장**한 것을 보면, 과연 사람은 **시련 속에서 성숙**해지는 듯합니다.

꿈을 통한 기회: 감옥에서 파라오 앞으로(창세 40-41장)

요셉은 감옥에 갇혀서도 헌작 시종장과 제빵 시종장의 눈에 들어 그들의 시중을 들게 됩니다(창세 40,1-4 참조). 헌작 시종장은 파라오에게 술잔을 올리던 관리로서, 파라오를 가까이에서 모셨으므로 조언자 역할도 맡았을 법한 인물입니다. 제빵 시종장 역시 궁중에서 직급이 높은 관리에 속했습니다. 감옥에 있던 두 사람은 의미심장하면서도 **비슷한 유형의 꿈**을 꾸게 되는데 요셉이 이를 해몽해 줍니다. 다만 두 관리가 꾼 꿈은 유사했으나 **해몽과 그 결과**는 달랐습니다. 헌작 시종장은 감옥에서 풀려나 예전처럼 술잔을 올리게 되었고(창세 40,21 참조) 제빵 시종장은 죽음을 맞이합니다(창세 40,22 참조). 이 해몽 사건은 이후 요셉이 파라오 앞에 나아갈 수 있는 계기를 마련해 줍니다.

창세기 41장으로 접어들면 이번에는 이집트 임금 **파라오**가 **두 번**에 걸쳐 꿈을 꾸게 됩니다(창세 41,1-7 참조). 그런데 이집트의 어떤 해몽가도 만족스럽게 꿈풀이를 해 주지 못하자 헌작 시종장이 요셉을 기억해 냅니다. 파라오의 호출을 받고 그 앞에 서게 된 요셉은 파라오가 꾼 두 번의 꿈은 하나의 메시지이며 "하느님께서 앞으로 당신께서 하고자 하시는 바를 파라오께 알려 주시는 것"(창세 41,25)임을 곧 풍년과 흉년을 예고하고 있음을 알려 줍니다. 이러한 꿈풀이뿐 아니라 그에 대한 대책도 제안함으로써 요셉은 이집트의 재상 자리에 오르게 됩니다.

사실 이스라엘에서는 꿈을 풀이해야 하는 예는 없었습니다. 하느님께서 이스라엘 백성에게 주시는 꿈은 늘 의미가 분명해서 이스라엘에는 해몽학이 발전하지 않았습니다. 성경에서 해몽가로 나오는 이도 요셉과 다니엘이 전부이며 앞서 언급한 요셉처럼 다니엘도 이방인들의 꿈을 해석해 줍니다(다니 2,24-45 참조). 그에 비해 이집트에서는 해몽학이 크게 발전했습니다. 해

파라오의 꿈, 제임스 티소, 1896-1902년경, 유다인 박물관, 뉴욕, 미국.

몽가나 관련 문헌도 많았으므로, 요셉이 꿈풀이로 자신의 존재를 드러내는 이 이야기에는 해몽을 자연스럽게 여기는 이집트의 문화가 녹아 있습니다.

창세기 41장 14절에 따르면, 요셉은 파라오의 궁에 들어가기에 앞서 옷을 갈아입고 **'수염을 깎습니다'**. 이는 로마에 가면 로마법을 따라야 하듯 **요셉이 이집트 사람으로 살아가기 위한 준비**를 했다는 암시입니다. '수염을 깎았다'는 서술은 그리 특별해 보이지 않는 내용이지만 사실 가나안과 메소포타미아 사람들은 수염을 깎지 않았습니다. 수염을 가리거나 깎는 것은 수치

파라오의 꿈을 풀이하는 요셉(부분), 제임스 티소, 1896-1902년경, 유다인 박물관, 뉴욕, 미국.

를 당했거나 애도를 표할 때 하는 행위였습니다(참조: 레위 13,45; 미카 3,7). 그에 비해 이집트에는 면도 풍습이 있었습니다. 오직 파라오만 수염을 지닐 수 있었으니 이집트 사람들은 파라오보다 더 명예로운 이가 없음을 이런 식으로 표현한 것입니다.

그래서 요셉이 수염을 깎았다는 것은 그가 파라오 앞에 서기 전, 이집트 사람으로 살아가고자 자신의 정체성을 조정했다는 뜻입니다. 이런 외적인 변화는, 훗날 곡식을 사러 온 형들이 요셉을 알아보지 못한 이유 가운데 하나가 되었을 것입니다(창세 42,8 참조).

묵상

1. 산다는 것은 시련을 견뎌 내는 과정과도 같습니다. 그 시련 속에서 의미를 찾을 때 우리는 비로소 살아남는 것을 넘어 진정으로 살아갈 수 있습니다. 요셉은 다른 누구도 아닌 형들의 음모에 빠져 타향에서 종살이와 옥살이를 하게 되었는데 그런 와중에도 의미를 찾으려 부단히 노력한 듯합니다. 그랬기에 고향에서와는 다른 모습으로 성장할 수 있었겠지요. 더구나 요셉은, 주님과 직접 씨름하며 새로운 이름을 얻는 신비로운 체험을 하고서도 천성은 크게 변하지 않았던 아버지 야곱과 사뭇 대조적입니다. '왜 살아야 하는지 아는 사람은 그 어떤 상황도 견딜 수 있다.'라는 말이

있습니다. 요셉은 종으로, 죄수로 사는 동안 삶의 이유를 어디에서 찾았을까요? 그리고 나는 어디에서 삶의 의미를 찾았기에, 지금도 기꺼이 삶의 무게를 견디며 살고 있을까요? 최근 겪은 어려움 속에서 발견한 의미나 배움이 있다면 무엇인가요?

2. 비자득기備者得機, 곧 기회는 준비된 사람에게 옵니다. 운만 바라고 아무 노력도 하지 않으면 기회가 와도 알아보지도 못하고 잡을 수도 없습니다. 고난 중에 있어도 끝까지 의미를 찾고 실력을 키운 사람이 기회도 잡습니다. 요셉이 그 예를 보여 줍니다. 종으로 팔려 나락으로 떨어졌을 때 '나는 이제 끝났다.' 하고 절망하며 포기할 수도 있었습니다. 그랬다면 이야기가 완전히 달라졌겠지요. 요셉은 철없고 자기중심적이었지만, 야망과 근성이 있었습니다. 아버지의 심부름으로 형들을 살피러 갈 때(창세 37,13-17 참조)는 장장 닷새를 걸어야 하는 길을 홀로 끈기 있게 갔습니다. 이집트에서도 그는 하느님께서 자신과 함께하심을 믿고 끊임없이 성장했기에, 기회가 오자 덥석 잡을 수 있었습니다. 우리도 그렇습니다. '나는 왜 운이 좋지 않은가?'를 물을 것이 아니라, '나는 준비된 사람인가?'를 먼저 자문해 보아야 합니다. 하느님께서도 하나부터 열까지 가르쳐야 하는 미숙한 도구보다 이미 준비된 도구를 더 기꺼이 쓰실 것이기 때문입니다. 하느님께서 쓰시기 위해 내가 지금 준비해야 할 것은 무엇일까요?

3. '로마에 가면 로마법을 따라야 한다.'는 속담이 있습니다. 이는 암브로시오 성인에게서 비롯된 것으로 전해집니다. 『고백록』의 저자인 아우구스티노와 그의 어머니 모니카가 밀라노에 살다가 로마를 방문하게 되었는데, 밀라노와 다르게 로마에서는 토요일이 금식일임을 알게 되어 밀라노의 대주교 암브로시오에게 문의합니다. 이에 그가 다음과 같이 답했다고 합니다. "내가 여기(밀라노)에 있을 때는 토요일에 금식하지 않지만, 로마에 있을 때는 토요일에 금식합니다." 이 일화에서 해당 속담이 생겨났다고 합니다. 요셉은 이제껏 명예의 상징으로 길러 왔을 수염을 과감히 깎음으로써 유연하게 상황에 대처합니다. 이러한 유연성은 오늘날 우리에게 꼭 필요한 지혜입니다. 세계가 하나의 지구촌처럼 긴밀히 연결되어 급변하는 시대이기에 새로운 환경과 문화에 열린 마음으로 적응하는 자세가 더욱 중요해졌습니다. 신앙을 지키면서도 세상과 소통하기 위해 어떤 유연성이 필요하다고 생각하나요?

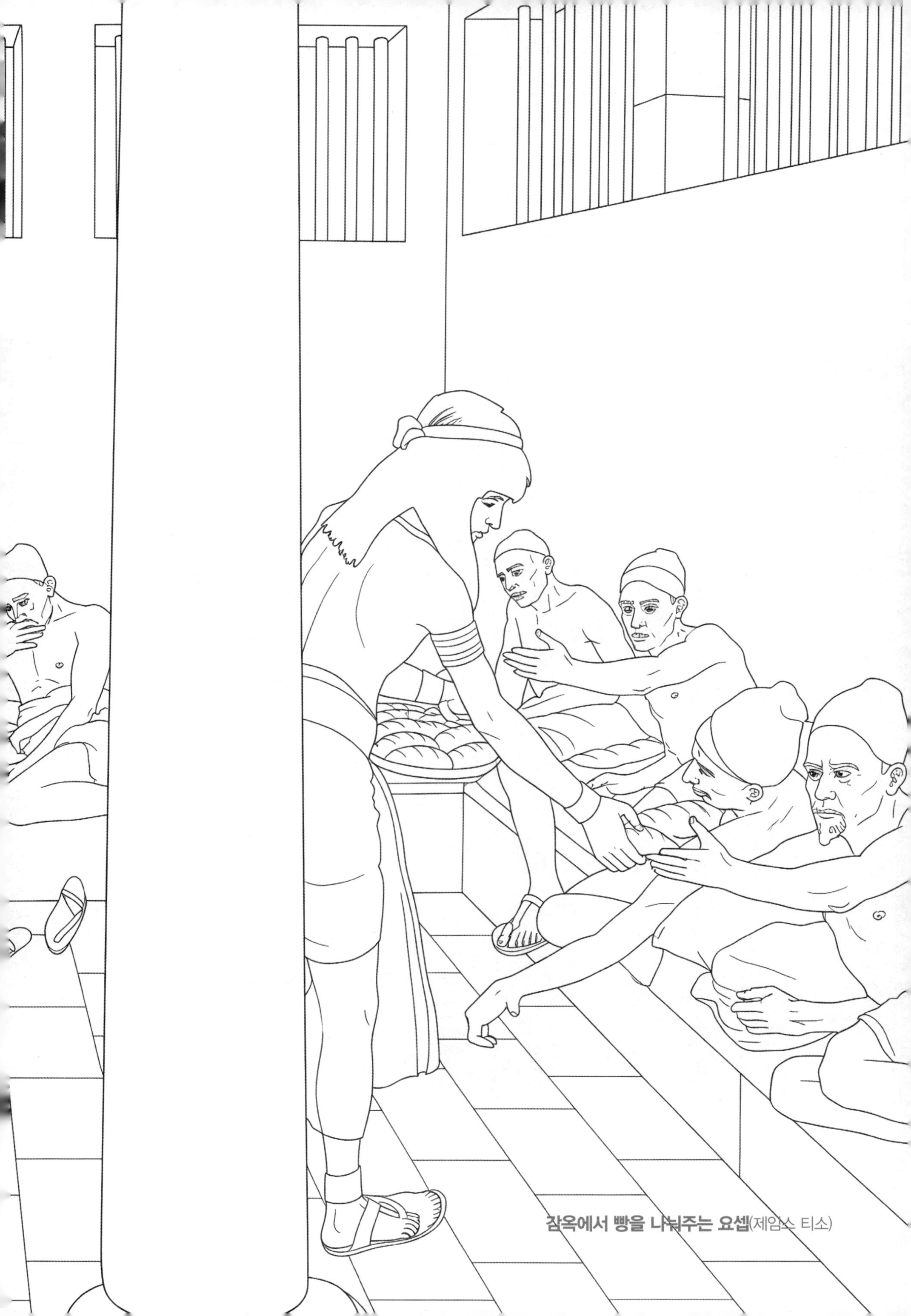

잠옥에서 빵을 나눠주는 요셉(제임스 티소)

제12과

창세 42-48장

요셉과 가족들의 해후

요셉의 형제들(부분), 제임스 티소, 1896-1902년경, 유다인 박물관, 뉴욕, 미국.

● 말씀: 창세기 42장 5.7.14-16절

42 **5**이렇게 가나안 땅에도 기근이 들었기 때문에, 이스라엘의 아들들
은 이집트로 곡식을 사러 가는 다른 사람들 틈에 끼어 그곳으로 들어갔다. **7**
요셉은 형들을 보자 곧 알아보았지만, 짐짓 모르는 체하며 그들에게 매몰차
게 말하면서 물었다. "너희는 어디서 왔느냐?" 그들이 대답하였다. "양식을
사러 가나안 땅에서 왔습니다." **14**그러나 요셉은 그들에게 말하였다. "내가
너희에게 말한 그대로다. 너희는 염탐꾼들이다. **15**너희를 이렇게 시험해 봐
야겠다. 너희 막내아우가 이리로 오지 않으면, 내가 파라오의 생명을 걸고
말하건대, 너희는 결코 이곳을 떠날 수 없다. **16**너희 가운데 한 사람을 보내
어 아우를 데려오너라. 그동안 너희는 옥에 갇혀 있어라. 너희 말이 참말인
지 시험해 봐야겠다. 그렇지 않을 때에는, 내가 파라오의 생명을 걸고 말하
건대, 너희는 정녕 염탐꾼들이다."

함께 읽을 성경: 창세기 42장 1-4.6.8-13.17-38절 ; 43-48장

이끎말

요셉의 시험과 형들의 죄책감(창세 42-43장)

요셉의 해몽대로 흉년이 길어지자 요셉의 형들도 곡식을 구하려고 이집트를 찾아옵니다. 요셉은 그들을 알아보고 날카로운 질문으로 형들을 궁지에 몰아넣습니다. 그들의 진심을 시험하기 위해 여러 가지를 묻고 요구합니다. 그들이 혹시 가나안 땅의 염탐꾼이 아니냐고 추궁하자, 형들은 자기들이 모두 열두 형제이며 어떤 아버지가 열이나 되는 자식을 한꺼번에 염탐꾼으로 보내겠느냐는 논리로 변호합니다. 그러다가 자기들 가운데 '잃어버린 아우'가 있다는 사실과 집에 남은 막내 벤야민 이야기도 하게 됩니다. 이에 요셉은 막내아우를 증인으로 데려와야 한다고 요구한 뒤에(창세 42,9-16 참조) 우여곡절 끝에 벤야민이 이집트로 함께 내려오자 금잔 도둑 누명을 씌웁니다(창세 44,5.15 참조).

금잔 도둑 누명(부분), 제임스 티소, 1896-1902년경, 유다인 박물관, 뉴욕, 미국.

유다의 희생과 형제들의 화해(창세 44-45장)

유다는 "하느님께서 이 종들의 죄를 밝혀내셨습니다."(창세 44,16)라며 한탄합니다. 이는 요셉을 이집트로 팔아넘기고 아버지를 속인 뒤 오랫동안 자기들을 짓눌러 왔을 죄책감을 에둘러 표현한 말로 보입니다(창세 42,21 참조). 그러면서 유다는 벤야민까지 잃으면 아버지는 죽고 말 것이라며 자신이 동생 대신 종이 되겠다고 자청합니다(창세 44,18-34 참조). 이렇게 유다는, 아버지가 자신과 형제들에게 큰 상처를 주었음에도 아버지가 받을 고통을 더 염려하는 희생적인 모습으로 바뀝니다. 바꾸어 말하면 이는 그가 마침내 요셉과 벤야민 형제만 아버지가 편애한 사실과 화해하고 아버지를 있는 그대로 받아들이게 되었다는 뜻일 것입니다.

이때 벤야민이 도둑 누명을 쓴 일은, 그의 어머니 라헬이 아버지의 집안 수호신들을 훔쳤던 사건(창세 31,19 참조)을 묘하게 떠오르게 합니다. 라헬이 훔친 집안 수호신이 종교적 물건이듯이, 벤야민이 도둑 누명을 쓴 금

요셉이 형 유다와 대화하다(부분), 제임스 티소, 1896-1902년경, 유다인 박물관, 뉴욕, 미국.

잔도 이집트에서 점을 치는 데 쓰이던 물건입니다(창세 44,5 참조). 결과만 의미심장하게 다릅니다. 실제로 훔친 라헬은 발각되지 않았지만 훔치지 않은 벤야민은 잡힙니다. 그래서 어찌 보면 어머니의 죗값을 아들이 대신 돌려받은 셈입니다. 하지만 이 일로 요셉은 감정이 북받쳐 정체를 드러내고 야곱도 소식을 듣고 이집트로 내려와 죽은 줄로만 알았던 아들과 해후합니다.

야곱은 요셉이 살아 있다는 사실과 다른 아들들의 기만을 알면서 에사우 때부터 이어진 자신의 삶을 다시 돌아보았을 것입니다. 이로써 자신이 저지른 옛 과오가 아들들에게로 돌아왔음을 깨달은 듯합니다. 야곱은 훗날 파라오 앞에 섰을 때 자신의 삶이 불행했다고 고백합니다(창세 47,9 참조).

야곱 집안의 이집트 정착과 구원 역사의 의미(창세 46-48장)

창세기 37-50장에서 전하려는 메시지는 한 구절로 응축됩니다. 야곱의 아들들은 악을 꾀하였지만 하느님께서는 그것을 선으로 바꾸셨다는 것입니다(창세 50,20 참조). 그 과정에서 요셉과 형제들은 한층 성숙해집니다(창세 42,21-22 참조). 특히 큰 변화를 겪은 요셉과 유다(창세 44,14의 '유다와 그 형제들' 참조)는 훗날 이스라엘의 남북 왕국을 다스리는 왕실의 조상이 됩니다. 요셉의 경우에는 그의 아들 에프라임이 북왕국의 첫 임금이 됩니다.

하지만 요셉은 남다른 활약에도 성조에 포함되지는 않습니다. 하느님께서 그에게 직접 계시하셨다는 보고도, 그가 주님께 제단을 봉헌하였다는 언급도 없습니다. 요셉이 스스로 고백하였듯이(창세 45,7-8 참조), 그는 야곱 집안이 가나안의 기근에서 살아남을 수 있도록 돕는 도구 역할을 했던 것입니다. 이 모든 일은 하느님께서 함께하신 덕분에 이루어졌지만 하느님께서는 직접 나타나시거나 초자연적으로 개입하시는 대신 요셉을 지혜롭고 강직한 인물로 성장하도록 돕는 방법으로 야곱의 집안을 구하셨습니다. 이로써 카인의 형제 살해로 시작된 창세기의 인류 역사는, 요셉과 형제들 사이에서 이루어진 화해로 마무리됩니다.

야곱이 파라오를 알현한 바로 다음에 이어지는 창세기 47장 둘째 단락에는, 요셉이 이집트 백성을 파라오에게 종속시키는 과정이 서술됩니다. 연이어 흉년을 겪은 이집트 백성은 식량을 구하려고 돈을 쓰고 가축도 팔지만 더는 내놓을 것이 없어지자 자유를 팔고 식량을 얻게 되었다는 것입니다. 사제들의 농토만 제외하고 파라오는 온 땅의 주인이 됩니다. 이후 이집트 백성은 농사를 지어 얻은 수확의 오분의 일을 세금으로 바치게 됩니다. 다만 이 대목에서 이집트로 내려온 야곱의 집안을 보고 파라오가 한 말(창세 47,6 참조)이 이스라엘 집안의 운명에 대한 어떤 단초를 제공하는 듯합니다. "그대가 알기에 그들 가운데 유능한 사람들이 있거든 내 가축을 돌보는 책임자로 세우시오." 이 말이 훗날 요셉이 죽고 파라오가 바뀌면서 이스라엘 집안이 종살이하게 된 빌미가 되었을지도 모릅니다.

파라오가 이스라엘인들을 환대하다(부분), 제임스 티소, 1896-1902년경, 유다인 박물관, 뉴욕, 미국.

구분	태고사(창세 1-11장)	성조사(창세 12-50장)
범위	온 인류(보편사)	이스라엘(한 가족의 역사)
주제	세상의 기원과 죄의 확산	하느님 백성의 기원과 구원의 시작
핵심 구조	4대 사건 1. 천지 창조(창세 1-2장) 2. 타락(창세 3-4장) 3. 대홍수(창세 6-9장) 4. 바벨탑(창세 11장)	4대 인물(성조들) 1. 아브라함(창세 12-25장) 2. 이사악(창세 25-26장) 3. 야곱(창세 27-36장) 4. 요셉(창세 37-50장)
이야기 흐름	확산 / 분열(문제: 죄의 확산)	선택 / 집중(해결: 계약의 시작)

창세기의 주제와 핵심 구조

● 묵상

1. 하느님께서는 나약하고 비겁했던 야곱에게 직접 나타나시어 초자연적으로 개입하시며 그가 변화하도록 도와주셨지만 요셉에게는 다른 방식으로 함께하셨습니다. 물론 요셉도 주님께서 함께하심을 느꼈을 것입니다. 하지만 주님께서는 그에게 지혜를 더해 주시어 그가 고매하게 성장하도록 간접적으로 도우셨습니다. 오늘날 우리에게도 하느님께서는 직접 나타나시지 않습니다. 그렇지만 요셉에게 그러셨듯이 주님께서는 항상 함께하시며 우리가 지혜롭게 성장하도록 돕고 계시니 그 손길에 늘 감사드려야겠습니다. 요셉처럼 하느님께서 나의 일상 속 지혜로 함께하신다고 느꼈던 경험이 있나요?

2. 히브리어로 '악惡'을 뜻하는 '라아רעה'는 '재앙'이라는 의미도 지닙니다(참조: 예레 11,17; 18,8 등). 이는 죄는 그 자체로 벌이 되고, 악행은 결국 자신을 해치는 재앙으로 돌아온다는 뜻을 담고 있습니다. 실제로 우리는 죄를 지으면 죄책감이라는 벌을 받습니다. 더 나아가 악행이 스스로를 곤경에 빠뜨리는 재앙이 되어 돌아오는 일도 경험합니다. 창세기 42장 21절에 나오는 요셉 형제들의 한탄이 바로 그러합니다. "우리가 아우의 일로 죗값을 받는 것이 틀림없어. 그 애가 우리에게 살려 달라고 애원할 때, 우리는 그 고통을 보면서도 들어 주지 않았지. 그래서 이제 이런 괴로움이 우리에게

닥친 거야." 누군가의 악행으로 상처받았을 때 그것을 또 다른 악으로 갚지 않고 악의 사슬을 끊어 내는 용기야말로 진정한 극복이며 승리일 것입니다. 요셉과 형제들의 이야기를 통해 악은 오직 선으로만 이길 수 있음을 되새기며, 우리에게 그러한 힘을 주시도록 하느님께 청합시다. 누군가를 용서함으로써 악의 고리를 끊었던 경험이 있나요?

3. 깊은 상처를 극복하려면 그 상처를 외면하지 않고 온전히 마주하는 과정이 필요합니다. 상처를 잊거나 억누르는 것이 아니라, 상처의 존재를 인정하고 그것이 더는 현재의 나를 지배하지 않도록 받아들이는 것입니다. 요셉을 편애하는 아버지에게 상처받았던 유다가 마침내 성숙한 모습을 보일 수 있었던 것도 아버지의 편애를 바꿀 수 없는 현실로 받아들였기 때문입니다. 우리 역시 바꿀 수 없는 현실에 절망하기보다 그 안에서 성장의 계기를 마련해야 함을 유다의 모습에서 배울 수 있습니다. 내가 바꿀 수 없는 현실 앞에서 좌절하기보다, 그 안에서 하느님의 뜻을 찾으며 성장하기 위해 무엇을 할 수 있을까요?

금잔 도둑 누명(제임스 티소)

제13과

창세 49-50장

야곱의 유언과 장례 그리고 요셉의 죽음

요셉의 아들들을 축복하는 야곱, 렘브란트, 1656년, 알테 마이스터 회화관, 카셀, 독일.

● 말씀: 창세기 49장 1.28절; 50장 13.25-26절

49 **1**야곱이 아들들을 불러 말하였다. "너희는 모여들 오너라. 뒷날 너희
가 겪을 일을 내가 너희에게 일러 주리라." **28** 이들이 모두 이스라엘의 열두 지
파다. 이것은 그들의 아버지가 그들 각자에게 알맞은 복을 빌어 주면서 한 말
이다.

50 **13**그 아들들은 아버지의 주검을 가나안 땅으로 모셔다, 막펠라 밭에
있는 동굴에 안장하였다. 그 밭은 마므레 맞은쪽에 있는 것으로서, 아브라함이
히타이트 사람 에프론에게서 묘지로 사 둔 것이다. **25**요셉은 이스라엘의 아들
들에게 맹세하게 하면서 일렀다. "하느님께서 반드시 여러분을 찾아오실 것입
니다. 그때 여기서 내 유골을 가지고 올라가십시오." **26**요셉이 백열 살에 죽자,
사람들이 그의 몸을 방부 처리하고 관에 넣어 이집트에 모셨다.

함께 읽을 성경: 창세기 49장 2-27.29-33절; 50장 1-12.14-24절

이끎말

야곱이 이집트로 내려와 요셉과 만난 뒤 임종을 맞은 곳은 이집트입니다. 그는 죽기 전 요셉의 두 아들을 축복하고 자신의 열두 아들에게도 유언을 남겼습니다. 요셉의 두 아들을 축복한 것은, 이집트 여인에게서 난 그들에게도 이스라엘 가문 안에서의 지위를 확보해 주려는 의도로 보입니다. 특히 야곱은 요셉의 두 아들 에프라임과 므나쎄를 "르우벤과 시메온처럼 내 아들이 되는 것이다."(창세 48,5)라고 선언하며 자신의 아들로 입적합니다.

이는 장자권의 이동과 관련이 깊습니다. 본래 맏아들의 권리는 르우벤의 것이었으나, 그가 아버지의 첩과 동침하여(창세 35,22 참조) 잠자리를 더럽혔기 때문에 장자권을 상실했습니다. 또한 스켐 학살을 주도한 시메온과 레위 역시 야곱의 질책을 받아(참조: 창세 34장; 49,5-7) 지도자로서의 자격을 잃었습니다. 이렇게 상실된 장자권은 유다와 요셉에게 나뉘어 넘어갑니다(1역대 5,1-2 참조). 즉 장자권의 핵심 권리 중 하나인 '재산의 두 몫'은 요셉이 차지하게 되었고(신명 21,17 참조), 또 다른 핵심 권리인 '가문의 지도권'은 유다가 잇게 된 것입니다(창세 49,8-10 참조).

야곱이 열두 아들에게 남긴 유언은 창세기의 거의 마지막에 해당하는 49장 1-28절에서 소개됩니다. 이렇게 창세기는 야곱의 유언을 끝으로 대단원의 막을 내리므로, '말씀'으로 이루어진 천지 창조로 시작하여 야곱의 '말'로 마무리되는 수미상관의 구성을 갖춘 셈입니다. 다만 이 대목은 창세기 49

야곱의 유언, 제임스 티소, 1896-1902년경, 유다인 박물관, 뉴욕, 미국.

장의 표제처럼 '야곱의 축복'으로만 이루어져 있지는 않습니다. 축복만이 아니라 저주와 질책도 들어 있으므로 이를 고려하면 더 포괄적인 제목은 '야곱의 유언'이 되겠습니다.

야곱은 레아에게서 르우벤 · 시메온 · 레위 · 유다 · 이사카르 · 즈불룬을, 라헬에게서 요셉 · 벤야민을 얻습니다. 라헬의 몸종 빌하에게서는 단 · 납탈리를, 레아의 몸종 질파에게서는 가드 · 아세르를 얻습니다. 야곱이 열두 아들에게 남긴 유언은 출생 순서를 따르지 않습니다. 레아의 아들이 맨 앞에, 라헬의 아들이 맨 뒤에 나오고 빌하와 질파의 아들이 중간에 삽입되어 있습니다. 곧 전체 구성이 [레아]-[빌하 · 질파]-[질파 · 빌하]-[라헬]의 순서이므로 일종의 샌드위치 구조라 하겠습니다.

르우벤

첫 유언(창세 49,3-4)은 야곱의 맏아들이자 레아의 첫아들인 르우벤ראובן에게 주어집니다. 그는 아버지의 소실 빌하와 관련된 사건(창세 35,22 참조) 때문에 질책을 유언으로 듣는데, 이 사건으로 장자권을 잃습니다. 실제로 르우벤 지파는 이후에 패권을 쥔 적이 없습니다. 임금은커녕 예언자나 판관도 나오지 않습니다. 본 유언에서 야곱은 르우벤을 끓어오르는 물에 견줍니다. 이는 그의 성격이 경솔하고 무모하였다는 뜻으로 보입니다. 이런 성격은 빌하 사건뿐 아니라 벤야민 사건에서도 드러납니다. 물론 르우벤은 아우들이 요셉을 해치려 하자 몰래 그를 구하려고 노력했습니다(창세 37,22 참조). 하지만 이후 벤야민을 데려오라는 이집트 재상 요셉의 요구에 따르려고 아버지를 설득할 때는 만약 벤야민을 도로 데려오지 못하면 자기 두 아들의 목숨을 걸어도 좋다고 맹세함으로써 자기 맹세에 아들의 목숨까지 끌어들이는 무모함을 보입니다(창세 42,37 참조). 신명기 33장 6절에 실린 '모세의 유언'에서도 르우벤은 죽지 않고 살 것이나 사람 수가 많아지

* 위의 이미지를 포함한 이하 열두 지파 상징 모자이크는 네덜란드 엔스헤데에 있는 엔스헤데 회당 내부 작품입니다. 화가이자 건축가인 카렐 드 바젤이 1928년에 제작한 이 모자이크들에는 각 지파의 상징과 함께 히브리어로 지파 이름이 적혀 있습니다. 사진: 네덜란드 문화유산청(Rijksdienst voor het Cultureel Erfgoed, RCE), CC BY-SA 4.0

지는 않으리라고 예고합니다. 그 예고대로 르우벤 지파는 광야 유랑 초기에 46,500명이었지만(민수 1,21 참조) 유랑 끝 무렵에는 43,730명이 됩니다(민수 26,7 참조).

시메온과 레위

창세기 49장 5-7절은 야곱의 둘째와 셋째 아들인 시메온שמעון과 레위לוי에게 주어진 유언입니다. 둘이 나란히 언급된 까닭은 누이 디나 사건에 있을 것입니다. 누이 사건에 격분한 두 형제가 힘을 합쳐 스켐인들의 피를 흘리게 합니다(창세 34,25-31 참조). 이 일로 이스라엘의 장자권은 넷째인 유다에게 넘어가고 두 형제는 상속 재산도 차지하지 못하게 됩니다.

시메온은 거의 존재감 없는 지파가 되어 신명기 33장의 '모세의 유언'에는 아예 언급되지 않습니다. 광야 유랑 초기에는 그들의 인구가 59,300명이었지만(민수 1,23 참조) 끝 무렵에는 22,200명으로 줄어듭니다(민수 26,14 참조). 이후 가나안에서 그들이 차지한 땅도 유다 지

파의 영토 안에 있었으므로(여호 19,1.9 참조) 점차 유다 지파에 흡수된 듯합니다.

그에 비해 레위 지파는 이후 성직을 맡게 되는데(참조: 민수 8,19; 신명 10,8 등) 이는 언뜻 야곱의 유언과 모순되어 보일 수 있습니다. 탈출기 32장 29절은 금송아지 배교 사건 때 레위인들이 주님 편에 서서 열정을 보인 덕분에 성직을 맡게 되었다고 전합니다. 민수기 18장 20절 등에서 설명하는, 레위 지파가 상속 재산을 받지 못하게 된 까닭도 본 유언에 암시된 이유와 다릅니다. 이런 차이로 보아 야곱의 유언이 시대적으로 앞선 것이며, 다소 독립적으로 전승된 자료임을 짐작할 수 있습니다. 그래도 레위인들이 상속 재산을 받지 못하게 된 결과는 일치합니다. 이런 배경에서 신명기 14장 29절의 빈곤층에 레위인들이 이방인, 과부, 고아와 더불어 언급되었을 것입니다.

유다

창세기 49장 8-12절은 유다에게 주어진 유언입니다. 유다יהודה의 이름은 '찬송하다'라는 어근에서 나왔는데, 레아가 유다를 낳은 기쁨에 주님을 찬송하였기 때문입니다(창세 29,35 참조). 야곱은 유다에게 처음으로 축복을 남깁니다. 유다는 동생 요셉의 목

숨을 구하려 했고(창세 37,26-27 참조) 벤야민도 보호하려고 최선을 다했습니다(창세 44,18-34 참조). 야곱은 유다가 사자처럼 힘이 세지고 형제들의 찬양을 받으리라고 합니다. 유다가 '자신이 잡은 짐승을 먹고 컸다.'는 창세기 49장 9절의 유언은 그가 적을 평정하리라는 예고로, 다윗 시대가 떠오릅니다.

창세기 49장 10절의 **'왕홀'**은 유다 지파가 이후 거머쥘 왕권을 상징합니다. '지휘봉이 두 다리 사이에 있다.'는 말은, 임금이 다리 사이에 왕홀을 세우고 앉은 모습이거나 유다의 다리 사이에서 나올 후손이 왕좌를 차지하리라는 암시일 수 있습니다. 이 예고처럼 유다의 아들 페레츠가 다윗 임금의 계보에 속하게 됩니다(참조: 창세 38,29; 룻 4,18-22 등). 이스라엘의 첫 판관도 유다 지파에서 나옵니다(판관 3,7-11 참조).

창세기 49장 11절의 **'포도나무'**와 **'포도주'**는 유다 지파가 가나안에서 차지할 영토의 특성을 반영하는 듯합니다. 여호수아기 15장에 따르면, 유다 지파는 사해死海 왼편의 땅을 차지하게 되는데, 특히 칼렙이 받은 헤브론(여호 15,13-20 참조) 주변이 포도로 유명했습니다(민수 13,22-24 참조). 유다 지파는 '포도즙으로 옷을 빨아도 될 만큼' 번영할 것입니다. 다만 '포도 줄기에 나귀를 비끄러매면'(11절) 나귀가 뜯어먹어 농사를 망칠 수 있으나, 유다의 영토에서는 늘 포도 풍년이 들 것이므로 나귀가 끼치는 해쯤은 대수롭지 않으리라는 의미입니다. 더구나 나귀는 임금의 상징입니다(즈카 9,9 참조). 솔로몬은 나귀와 비슷한 노새를 타고 왕위에 올랐고(1열왕 1,44 참조), 예수님께서는 나귀를 타고 예루살렘에 입성하셨습니다(마태 21,7 참조). 유다는 아름다움도 대단해서 검은 눈과

흰 이를 가지게 되는데 당시 흰 이를 가진다는 것은 아무나 누릴 수 있는 복이 아니었습니다. 그러므로 야곱이 언급하는 유다의 용모는, 그가 **귀한 존재가 되리라는 예고**에 해당합니다(참조: 1사무 9,2; 시편 45,3 등).

즈불룬

야곱의 열째 아들 **즈불룬**(זבולן, 창세 49,13)은 레아에게는 여섯째이자 마지막 아들입니다. 원래는 이사카르가 즈불룬보다 형이어서 먼저 언급되어야 했지만(창세 30,17-20 참조) 야곱의 유언에는 즈불룬이 먼저 나와 **형보다 강한 동생**임을 암시합니다. 가나안 땅을 나눌 때도 즈불룬이 먼저 호명됩니다(참조: 민수 34,25-26; 여호 19,16-17). 즈불룬 지파는 가나안 장군 시스라에 맞서는 타보르산 전투에서 활약한 것으로 보입니다. 드보라의 노래(판관 5,14.18 참조)에서는 즈불룬이 두 번이나 언급됩니다. 그들은 판관 기드온의 전쟁에도 참전하였는데(판관 6,35 참조), 이는 즈불룬이 타보르산과 기드온이 전투 준비를 한 하롯 샘(판관 7,1 참조)에서 가까운 곳에 자리한 지파였기 때문일 것입니다. 즈불룬 사람 엘론은 이스라엘 판관으로 활약합니다(판관 12,11-12 참조).

즈불룬은 친형 이사카르의 지파와 가까운 관계를 유지했던 듯합니다. 모세의 유언(신명 33,18 참조)에서도 같이 언급되고 상속 재산도 갈릴래아 지방에 붙어 있었습니다. 다만 둘 다 내륙에 있어(여호 19,10-16 참조), 즈불룬이 바닷가에 살며 항구가 되리라는 유언은 어울리지 않아 보입니다. 구약 시대 이스라엘은 항해나 어업이 발달한 나라도 아니었습니다. 지중해는 영양분이 부족해 물고기가 번성할 만한 환경이 아니었고, 수에즈 운하가 뚫린 뒤에야 홍해 생물이 흘러들며 물고기가 많아졌다고 합니다. 갈릴래아 호수도 북왕국이 아람과 벌인 전쟁 때문에 접근이 어려운 경우가 많았습니다(이후에는 아시리아에 합병당합니다). 그런데 모세의 유언(신명 33,19 참조)에서는 즈불룬이 얻게 될 바다의 보화를 언급합니다.

어쩌면 즈불룬은 해안에 자리한 지파는 아니었지만, 뱃일에 종사했을 수는 있습니다. 이스라엘 북쪽(현 레바논과 시리아의 해안 지역)의 페니키아인들이 항만 산업에 이스라엘의 인력을 끌어들였을 수 있기 때문입니다. 즈불룬은 페니키아와 가까웠고 야곱의 유언에도 시돈이 페니키아의 대표로 언급됩니다. 다만 이는 즈불룬의 경계가 정확하게 시돈까지 닿으리라는 의미는 아니고 페니키아 근처에 살게 되리라는 뜻입니다.

이사카르

이사카르(יששכר, 창세 49,14-15)는 야곱의 아홉째 아들입니다. 이사카르 지파는 갈릴래아 지방 아래쪽의 매우 기름진 땅을 받습니다(여호 19,17-23 참조). 드보라의 노래(판관 5,15 참조)에서 이사카르는 전사의 모습으로 그려지며 이사카르 지파의 톨라는 이스라엘의 판관으로 활동합니다(판관 10,1 참조). 하지만 이사카르는 가나안족과 평화롭게 지내려고 농노 생활을 기꺼이 감내했다는 비난을 받습니다. 이는 아마도 이사카르 지파가 드보라의 전쟁에도 참여하고 톨라가 판관으로 활동했지만 전체적으로는 가나안 정복에 크게 이바지하지 못했다는 뜻으로 보입니다. 가나안 정복 전쟁을 서술하는 판관기 1장에는 이사카르 지파가 언급되지 않습니다.

야곱은 이사카르가 스스로 어깨를 굽혀 가나안의 고용인으로 순종했다며 '튼튼한 나귀'에 견줍니다. 가축우리 사이에 엎드려 노역에 만족한다고 꼬집습니다. 이는 안락함을 얻는 대가로 자유를 지불할 정도로 현재에 안주하며 발전하려는 노력이 부족하다는 뜻으로 보입니다.

모세의 유언(신명 33,18 참조)에서도 이사카르는 '천막 안에서 기뻐하는' 수동적인 이미지입니다. 이런 성향 때문에 이사카르는 자기보다 강한 동생과 잘 지낼 수 있었던 듯합니다. 하지만 왕정 시대에는 이사카르 출신 바아사가 북왕국의 첫 임금 예로보암의 아들 나답을 죽이고 임금이 됩니다(1열왕 15,27-28 참조).

단

단(דן, 창세 49,16-17)은 빌하의 소생으로 소실 태생으로는 첫째, 야곱에게는 다섯째 아들입니다. 단이라는 이름은, 불임이던 라헬이 몸종에게서 아들을 얻은 뒤 주님께서 '권리를 되찾아 주셨다'는 뜻으로 붙였습니다(창세 30,6 참조). 단은 '재판하다', '정당함을 밝히다'라는 의미를 지닙니다. 이 이름의 뜻처럼 단은 지파 주민을 정의로 다스리리라고 예고합니다(창세 49,16 참조). 이는 단 지파 출신 삼손의 활동기(판관 13-16장 참조)를 암시하는 듯합니다. 단을 비유하며 단의 전술을 묘사하는 '독사'(창세 49,17 참조)는 히브리어로 '쉬피폰שפיפן'인데 설치류 등을 잡아먹고 삽니다. 하지만 그 독은 낙타나 말을 죽일 만큼 치명적이지는 않습니다. 이는 단이 아주 강한 지파는 아니었다는 암시입니다. 그래도 병거 말의 발꿈치를 물어 놀라게 하면 병거를 모는 병사를 혼란에 빠뜨릴 수 있습니다. 이스라엘의 가나안 정착 시절 가나안의 병거는 이스라엘에게 큰 걸림돌이었습니다(참조: 여호 17,18; 판관 1,19; 4,3). 힘 약한 단은 독사처럼 게릴라 전술로 대응했다는 뜻으로 보입니다.

그런데 모세의 유언에서는 단을 "바산에서 뛰어나오는 사자 새끼"(신명 33,22)에 견주므로 이와 모순되어 보입니다. 바산은 현 이스라엘 땅의 골란고원과 그 아래 지방 일부, 그리고 동쪽의 시리아 영토를 부분적으로 감싸며 북쪽으로 연결되는 지역입니다. 단의 원래 상속 재산은 남쪽 지중해 연안의 초르아, 에스타올 등이지만(여호 19,41-46 참조), 필리스티아의 압력을 이기지 못하고 가나안의 최북단으로 이동하게 됩니다(참조: 여호 19,47; 판관 18장). 단 지파가 새로 차지한 곳은 본디 '라이스'(판관 18,14)라는 이름의 성읍으로서 '사자'를 뜻합니다. 고대 바산에 해당하는 골란고원 아래쪽 자락의 성읍이므로, '바산에서 뛰어나오는 새끼 사자'는 단의 힘이 아니라 그가 이후 차지하게 될 영토의 위치를 암시하는 표현임을 추측할 수 있습니다.

가드

가드(גד, 창세 49,19)는 야곱의 일곱째이자 레아의 몸종 질파의 첫아들로서, 열왕기 하권 10장 33절 등에서는 '갓'으로 나오지만 히브리어 표기는 같습니다. 가드는 라헬이 빌하에게서 납탈리를 얻자 레아가 자기 몸종 질파를 야곱에게 주고 얻은 아들입니다(창세 30,9-11 참조). 야곱은 가드가 약탈자들, 곧 이민족들의 공격을 받겠지만 잘 막아 내리라고 유언합니다. 실제로 이집트 탈출 뒤 가드 지파는 요르단 동쪽의 길앗에 정착하므로(참조: 신명 3,16; 여호 20,8) 영토의 위치상 바로 이웃한 암몬(판관 11장 참조), 모압, 아람인들(참조: 1열왕 22,3; 2열왕 10,32-33)과 전쟁을 자주 치러야 했습니다. 그래서 전사로 명성이 높아지게 된 듯합니다(참조: 신명 33,20; 1역대 12,9). '가드'라는 이름 자체가 **'군대'**라는 뜻의 히브리어 '그두드גדוד'와 유사합니다.

아세르

아세르(אשר, 창세 49,20)는 야곱의 여덟째 아들이자 질파의 둘째 아들입니다. 레아는 자기 몸종에게서 다시 아들을 얻은 뒤 여인들이 자신을 '행복하다'고 말하리라며 이름을 아세르라 했습니다(창세 30,13 참조). 가나안에서 아세르 지파는 카르멜산과 페니키아 사이의 갈릴래아 지방을 차지하게 됩니다(여호 19,24-31 참조). 매우 비옥한 지역이라 야곱의 유언처럼 **'양식이 넉넉했습니다'.** 모세의 유언(신명 33,24 참조)에서도 아세르는 큰 복을 받아 기름에 발을 담그게 되리라고 예고합니다. 아세르 지파는 영토 위치에 걸맞게 페니키아인들과 많이 교류한 듯하며 근처에 사는 가나안인들을 모두 쫓아내지 않았습니다(판관 1,31 참조). 그러므로 아세르가 '진미를 올리리라'고 야곱이 예고한 임금은 이방 왕실일 가능성이 큽니다.

납탈리

야곱의 여섯째 아들이자 빌하의 소생인 납탈리(נפתלי, 창세 49,21)는 단과 친형제입니다. 납탈리는 라헬이 몸종에게서 둘째 아들을 얻은 뒤 언니와 '죽도록 싸워' 이겼다며 붙인 이름입니다(창세 30,7-8 참조). 라헬의 말에서 암시되듯 납탈리의 뜻은 '경쟁', '싸움'으로 추정됩니다. 납탈리 지파가 차지한 영토는 아세르와 서쪽으로 경계를 맞댄, 갈릴래아 호수 남쪽부터 북쪽의 훌라 계곡까지 이어지는 곳입니다(여호 19,32-39 참조). 납탈리 지파도 매우 비옥한 땅을 차지한 셈입니다. 가나안인들을 모두 밀어내지는 못했으나 노역자로 부렸다고 합니다(판관 1,33 참조). 납탈리 지파는 드보라의 타보르산 전투에서 큰 공을 세운 것으로 나타납니다. 전투를 이끈 바락 장군이 납탈리 출신입니다(참조: 판관 4,6; 5,18). 야곱은 아들들 가운데 납탈리만 짐승 암컷에 비유하는데, 암사슴은 발 빠른 짐승의 대명사입니다(참조: 시편 18,34; 하바 3,19). 이는 납탈리가 들판과 언덕을 다니며 타보르산 전투에서 활약하였다는 판관기 5장 18절을 떠올리게 합니다. '예쁜 새끼를 낳는다'는 것은, 납탈리가 전쟁 공신이 되어 이스라엘에 자유를 안겨 주리라는 암시인 듯합니다. 말하자면 납탈리 지파가 가나안 정착 과정에서 전사로 맹활약한 점을 '새끼 낳는' 일에 비유하였을 수 있습니다.

요셉

요셉(יוסף, 창세 49,22-26)은 야곱의 열한째 아들이며 라헬에게는 첫아들입니다. 야곱의 유언에서 요셉은 유다와 더불어 가장 큰 축복을 받습니다. 야곱이 가장 사랑한 아들답게 하늘과 땅의 축복까지 쏟아져 유다를 능가합니다(신명 33,13-17 참조). '하늘의 복'(창세 49,25)은 빗물과 이슬이고, '심연의 복'은 땅에서 올라오는 물기를 가리킵니다. 이 축복은 이사악이 야곱에게 내린 축복(창세 27,28 참조)을 상기시킵니다. 말하자면 **야곱은 자신이 받은 축복을 요셉에게 물려준 셈**입니다. 창세기 49장 26절에서 요셉은 형제들 가운데 '봉헌된 자'로 언급되는데, '봉헌된 자'는 '모세의 유언'에서 요셉 대목인 신명기 33장 16절의 '뽑힌'과 같은 단어입니다. 이는 요셉이 장자권(맏아들 권리)을 차지했다는 뜻으로 보입니다(1역대 5,1-2 참조). 맏아들은 아버지의 재산을 나눌 때 다른 형제들의 두 몫을 상속받는데(신명 21,17 참조) 요셉은 이후 **에프라임**אפרים과 **므나쎄**מנשה 두 지파로 나뉘

어 땅을 차지하므로(여호 16,1-4 참조) 상속 재산을 두 몫으로 받은 셈입니다. 장자권은 유다에게도 주어지지만 유다는 형제들의 '으뜸'이 되는 장자권을 차지하게 됩니다(창세 49,8 참조). **요셉의 후손**은, 요셉이 받은 장자권에 걸맞게 **훗날 북왕국**을 세우게 됩니다. 그래서 아모스서 5장 6절, 즈카르야서 10장 6절 등에서는 북왕국을 **'요셉 집안'**이라 칭합니다. 본디 요셉의 맏이는 므나쎄이지만, 야곱은 동생 에프라임이 더 크게 되리라 예언하고 축복합니다(창세 48,17-19 참조). 실제로 에프라임 출신의 **예로보암**이 북왕국의 첫 임금이 되었고(1열왕 11,26 참조) 이후 북왕국은 **'에프라임'**으로도 통하게 됩니다(참조: 예레 7,15; 호세 7,11 등).

창세기 49장 22절에서 요셉은 샘 가의 나무처럼 번영할 것인데(시편 1,3 참조) **'샘'**은 형들이 요셉을 가두었던 **'구덩이'**(창세 37,24 참조)를 빗대어서 뒤집어 표현한 것으로 보입니다. 곧 당시의 마른 구덩이가 샘으로 바뀌어, 형들이 꾸민 악을 주님께서 선으로 바꾸어 주셨음을(창세 50,20 참조) 시사합니다. '궁수들이 어지럽히고 활을 쏘며 덤벼들었다.'는 23절은 '활잡이'(창세 21,20 참조)가 된 이스마엘의 후손들이 요셉을 이집트로 끌고 간 사건(창세 37,28 참조)을 암시하거나 거짓말하는 혀를 화살에 빗댄 잠언 25장 18절에 기초해 형들이 아버지를 기만하고 요셉을 이집트로 팔아넘긴 일로 풀이할 수도 있습니다.

벤야민

벤야민(בנימין, 창세 49,27)은 야곱의 막내이자 라헬의 마지막 아들입니다. 야곱은 유언에서 벤야민을 이리에 비깁니다. 막내라는 인상과는 어울리지 않지만 판관기에 나타나는 벤야민의 모습은 맹수처럼 용맹하고 잔인합니다. 판관 에훗이 벤야민 지파였고(판관 3,15 참조), 드보라의 노래에도 벤야민은 전사로 등장합니다(판관 5,14 참조). 이스라엘의 첫 임금 사울도 벤야민 지파 출신입니다(1사무 9,1-2 참조). 사울은 암몬을 꺾고 자신의 지도력을 증명한 뒤에 정식 임금으로 인정받습니다(1사무 11장 참조). 그런데 판관기의 끝부분에 해당하는 19장에는 벤야민 지파가 저지른 만행이 서술됩니다. 기브아의 벤야민인들이 한 레위인의 소실을 밤새 괴롭혀 죽게 만든 일인데, 이 사건으로 결국 지파 간 전쟁까지 일어납니다(판관 20장 참조). 야곱이 벤야민을 약탈하는 이리에 견준 것은, 이를 미리 겨냥한 암시일 수 있습니다.

맺음말

이렇게 야곱은 아들들의 과거 행적과 성격 등을 각각 훑은 뒤 그들을 조상으로 하는 지파의 미래를 예견하는 형식으로 유언을 남깁니다. 그 내용은 이스라엘 백성의 가나안 정착기부터 왕정 시대까지 망라한 것으로, 이 중에 유다와 요셉의 축복이 가장 깁니다.

그런데 이런 야곱의 유언이 기원전 6세기 초반에 들어서며 **애가에 적용**되기에 이릅니다. 당시 바빌론 앞에서 풍전등화와 같던 유다 왕국의 운명을 빗대기 위해 예언자 에제키엘이 애가 형식의 신탁에 이 유언을 인용한 것입니다. 그는 에제키엘서 19장에서 야곱의 축복처럼 유다 왕실을 '암사자'(2절)와 '포도나무'(10절)에 비유하고, '사자'(3.6절), '포도나무 줄기'(11절), '왕홀'(11절) 등의 표현도 씁니다. 하지만 유다 왕실이 얻게 될 미래의 영광을 예고한 야곱의 유언이 에제키엘 시대에 효력을 잃었음을 암시합니다.

이렇게 **야곱의 축복이 애가로 바뀌고 유다 백성은 바빌론에** 끌려가게 되었어도 그것이 끝은 아니었습니다. 왜냐하면 하느님께서 **다윗에게 약속하신 계약은 '영원한 계약'**, 곧 영원히 효력을 유지하는 계약이기 때문입니다(참조: 2사무 7,11ㄴ-16; 23,5; 시편 89,4-5). 나무 그루터기처럼(이사 6,13 참조) 생존자들이 남아 이스라엘을 이어 가게 될 것입니다. 예언자들, 특히 바빌론 유배 전후로 활동한 이들은 모두 훗날 다윗 계약이 효력을 되찾으리라고 예고합니다(참조: 예레 23,5; 에제 37,25-26; 이사 55,3 등). 사실 바빌론 유배 뒤에는 이스라엘이 페르시아 영토로 남았기에 다윗 후손에 대한 예고가 곧장 실현된 것은 아니었습니다. 그러나 제2성전기를 거치는 동안 이는 다윗의 후손인 메시아를 기다리는 믿음으로 발전하게 되었고 신약 성경에서는 예수님을 다윗의 후손으로 여러 차례 강조합니다(참조: 마태 1,1; 21,9; 마르 10,47-48 등). 야곱이 유다에게 남긴 축복도 마찬가지입니다. 이는 요한 묵시록으로 다시 이어져, "유다 지파에서 난 사자"이자 "다윗의 뿌리"(묵시 5,5)이신 그리스도께 적용되기에 이릅니다.

이렇게 창세기 49장에 실린 야곱의 유언에 이어 창세기의 마지막 장인 50장에서는 야곱의 장례와 요셉의 죽음을 보고합니다. 요셉의 죽음을 마지막으로 보고함으로써 이제 **요셉을 모르는 파라오**가 왕위에 올라 **야곱 집안을 종살이로 옭아매는 탈출기**(탈출 1,8 참조)로 넘어가게 됩니다. 그 뒤 야곱 집안을 종살이에서 끌어내어 한 민족으로 성장시키고 약속의 땅까지 이끌어 준 지도자는 모세입니다. 그가 가나안의 입구인 모압 벌판까지 백성을 인도하는 과정이 탈출기부터 신명기까지 서술됩니다. 그래서 창세기는 탈출기-신명기에서 펼쳐질 여정의 시작이자, 성경의 세계로 들어서게 해 주는 관문이 됩니다.

이에 따라 오경은 모세 이전과 모세 이후로 구분할 수 있습니다. 모세 이전인 창세기에서는 이스라엘 백성의 기원에 대해 서술하고 모세 이후에 해당하는 탈출기-신명기에서는 모세의 탄생부터 죽음까지 생애 전체를 다루며 그가 이스라엘 백성을 가나안 앞까지 인도해 가는 과정을 다룹니다. 두 대목을 연결해 주는 고리도 존재합니다. 창세기의 거의 끝인 50장 24절이 그 가운데 하나입니다. "요셉이 자기 형제들에게 말하였다. '나는 이제 죽습니다. 그러나 하느님께서는 반드시 여러분을 찾아오셔서, 여러분을 이 땅에서 이끌어 내시어 아브라함과 이사악과 야곱에게 맹세하신 땅으로 데리고 올라가실 것입니다.'" 이 구절이 탈출기-신명기에서 일어날 내용을 미리 요약해 줍니다.

중심인물의 죽음도 연결 고리가 되어 줍니다. 창세기의 끝에서는 요셉이 죽고 신명기의 끝인 34장에서는 모세가 죽습니다. 요셉의 죽음 바로 앞인 창세기 49장에는 **'야곱의 축복(유언)'**이 나오고, 모세의 죽음 바로 앞인 신명기 33장에는 **'모세의 축복(유언)'**이 나와 두 대목이 병행합니다. 이렇게 오경은 모세 이전의 창세기와 모세 이후의 탈출기-신명기가 상응하는 구조로 이루어져, 주님의 백성 이스라엘이 형성되고 그들이 가나안으로 들어가기 전까지의 상황을 풀어 주게 됩니다.

● 묵상

1. 본성난이本性難移라는 사자성어가 있습니다. '사람의 본성은 쉽게 변하지 않는다.'는 속담과 상통하는 말인데 야곱이 이를 잘 보여 줍니다. 그는 오랜 타향살이를 하며 어느 정도 바뀌었지만 편애하는 성정은 끝까지 고치지 못했습니다. 죽기 전 유언을 남길 때도 자신이 가장 사랑했던 아들 요셉에게 가장 큰 축복을 해 주었습니다. 자신의 편애에 대해 다른 아들들에게 용서를 구했는지는 알 수 없습니다. 그래서 우리는 이 점을 곧잘 비난하지만, 사실 우리도 비슷한 모습을 보일 때가 있습니다. 분명히 변화했다고 생각하는데도, 돌아서면 같은 행동을 되풀이하는 자신의 모습을 발견하곤 합니다. 그래도 분명한 것은 끊임없이 노력하면 조금씩은 변한

다는 점입니다. 그리고 하느님께서는 그 작은 틈을 파고들어 야곱을 변화시키셨듯 우리를 조금씩 당신의 도구로 빚어 가십니다. 이것이 바로 우리가 좀처럼 바뀌지 않는 자신의 모습에 절망하지 않고 끝까지 노력하며 수양해야 하는 이유입니다. 나의 삶에서 '야곱의 편애'처럼 좀처럼 고쳐지지 않는 부분은 무엇인가요? 그리고 그 안에서 일하시는 하느님의 손길을 느껴 본 적이 있나요?

2. 우리는 모두 죽음을 두려워합니다. 아무도 그에 대한 경험담을 들려줄 수 없는 미지의 세계이기에 더욱 그렇습니다. 어느 의과 대학 교수는 이 두려움을 극복하는 방법에 대해 다음과 같이 소개했습니다. "저는 환자에게 이렇게 말합니다. 내 몸이 내 것이 아님을 빨리 알아차려야 한다고 말입니다. 우리 몸의 세포는 끊임없이 사라졌다가 생겨나기를 반복합니다. 이 과정이 7년 정도 되면 뇌세포만 제외하고 완전히 새로운 몸이 됩니다. 이 세상은 고유한 원칙과 원리에 따라 움직이므로 모든 것은 생겨났다가 사라지기도 합니다. 이러한 원리를 깨닫게 되면 죽음에 대한 두려움도 줄어들 것입니다."(『백세시대』, 「세상 읽기: 죽음의 두려움을 극복하는 법」, 2023년 11월 6일 자). 내 육신은 흙에서 왔고 지금도 흙에서 얻는 영양분으로 지탱되며, 끊임없이 흙으로 돌아가고 있습니다. 내 영혼은 하느님께서 불어넣어 주신 숨에서 비롯되었습니다. 이런 이치를 깨달으면 성경의 성조들이 죽음을 맞이할 때 두려움 없이 하느님 품으로 돌아갔듯이 우리도 그럴 수 있을 것입니

다. '나의 몸과 영혼이 온전히 나의 것이 아니다.'라는 사실을 묵상할 때, 죽음에 대한 생각은 어떻게 달라집니까?

3. 창세기 50장 20절에서 요셉은, 형들이 꾸민 악을 하느님께서 큰 백성을 살리시려고 선으로 바꾸셨음을 고백하며 자신을 두려워하는 형들을 안심시켰습니다. 하느님께서 사람의 악을 선으로 바꾸신 가장 위대한 사건은 예수님의 십자가 죽음입니다. 성자의 희생 덕분에 인류는 죗값을 탕감받고 하느님과 새로운 관계를 시작할 수 있게 되었습니다. 성경이 들려주는 이야기는 바로 우리가 사는 세상의 이야기입니다. 인간의 힘만으로는 하느님 나라에 걸맞도록 발전하기에 희망도 의욕도 터무니없이 부족합니다. 그래서 하느님께서는 구약 시대에는 성조와 예언자들을, 신약 시대에는 당신의 외아드님을 보내시어 가장 비천한 이들부터 끌어안게 하시고, 마침내 아드님의 목숨까지 바치게 하심으로써 사랑의 본질을 보여 주셨습니다. "하느님께서는 세상을 너무나 사랑하신 나머지 외아들을 내주시어, 그를 믿는 사람은 누구나 멸망하지 않고 영원한 생명을 얻게 하셨다." (요한 3,16). 이 말씀을 되새기며 우리 인생의 드라마를 보여 주는 창세기를 마무리하고자 합니다. 내 삶의 고통이나 부당함 속에서, 요셉의 고백처럼 악을 선으로 바꾸시는 하느님의 손길을 체험한 경험이 있나요?

야곱의 유언–이스라엘의 열두 지파

창세기 49장 1–27절을 읽고, 빈칸에 해당 지파의 이름과 해당 장절을 써 봅시다.

지파 (아들)	창세기 장절	상징	야곱의 유언 주요 특징
르우벤	49,3-4	끓어오르는 물	질책: 맏아들의 영광에도 불구, 경솔함(빌하 사건)으로 장자권 상실.
시메온	49,5-7	폭행의 도구(칼)	저주: 레위와 함께 스켐 학살(34장)의 폭력성으로 인해 흩어질 것임.
레위	49,5-7	폭행의 도구(칼)	저주: 시메온과 동일(후에 성직 지파로 반전됨).
	49,8-12	사자, 왕홀	축복: 형제들의 찬양(지도권)을 받으며, 왕권(다윗 왕조)이 그에게서 떠나지 않을 것임(포도주의 풍요).
즈불룬		배, 항구	축복: 바닷가(해상 무역)에 살며 번성할 것임.
	49,14-15	튼튼한 나귀	예언(경고성): 안락함을 위해 자유를 포기하고 노역(가나안족)을 감수할 것임.
단		뱀, 독사	예언: 지파를 재판(이름 뜻)하며, 작은 힘(뱀)으로 적(말)을 무너뜨릴 것임(삼손 암시).
	49,19	군대, 습격대	축복(예언): 적의 습격을 받지만(요르단 동편), 결국 그들을 역습하여 승리할 것임.
	49,20	올리브 나무, 곡식	축복: 기름지고 풍성한 식량을 생산하여 임금에게 진미를 올릴 것임.
납탈리	49,21	풀어 놓은 암사슴	축복: 자유로운 암사슴처럼 민첩하며, 아름다운 소식(승리/판관기 드보라 전투)을 가져올 것임.
요셉		열매 많은 나무	축복: 샘 가의 나무처럼 크게 번성(두 몫: 에프라임/므나쎄)하며, 온갖 시련(활)을 이겨 내고 하늘과 땅의 모든 복을 받을 것임.
	49,27	이리	예언: 약탈하는 이리처럼 아침저녁으로 싸우는 호전적이고 용맹한 전사 지파(사울 임금 암시)가 될 것임.

지혜 여정 오경 1 창세기

교회 인가 2025년 9월 15일 | **1판 1쇄** 2026년 2월 27일
글쓴이 김명숙 | **펴낸이** 김사비나 | **펴낸곳** 생활성서사 | **등록** 제78호(1983. 4. 13.)
주소 서울특별시 강북구 덕릉로42길 57-4 | **편집** 02)945-5984 | **영업** 02)945-5987 | **팩스** 02)945-5988
온라인 신한은행 980-03-000121 재) 까리따스수녀회 생활성서사 | **ISBN** 978-89-8481-705-0 04230
책값은 뒤표지에 있습니다.

인터넷 서점 www.biblelife.co.kr
가톨릭 교회의 모든 도서는 '생활성서사' 인터넷 서점에서 만나실 수 있습니다.